Kirche im Miteinander von Ortsgemeinde,
Kommunitäten und Bewegungen

Alfred Aeppli, Hans Corrodi, Peter Schmid (Hg.)

Kirche im Miteinander von Ortsgemeinde, Kommunitäten und Bewegungen

Bibliografische Informationen der Deutschen Nationalbibliothek
Die Deutsche Nationalbibliothek verzeichnet diese Publikation in der Deutschen Nationalbibliografie; detaillierte bibliografische Daten sind im Internet über http://dnb.d-nb.de abrufbar.

Umschlaggestaltung
Simone Ackermann, Zürich

Layout und Satz
Mario Moths, Marl

Druck
ROSCH-BUCH GmbH, Scheßlitz

ISBN 978-3-290-17577-1
© 2011 Theologischer Verlag Zürich
www.tvz-verlag.ch

INHALT

8   Die Welt ändert sich. Darum können auch die Kirchen nicht bleiben, wie sie sind. Angesichts der abnehmenden Mitgliederzahlen geraten die traditionellen Volkskirchen unter Druck. Einige konnten ihre herkömmliche Stabilität noch behaupten, doch der gesellschaftliche Wandel fordert auch sie zunehmend heraus. Parallel zum äusseren Abbau scheinen auch wesentliche Glaubensinhalte zu verdunsten. Spiritualität liegt zwar im Trend. Doch das Bekenntnis zu Gott und zu Jesus Christus als Gottes Sohn und Erlöser liegt quer zum Strom einer postmodernen Gesellschaft. Das religiöse Gefühl tritt an die Stelle der religiösen Inhalte. Dabei ist Erfahrung wichtiger als Dogmatik, Berührung wichtiger als Tradition, der persönliche Nutzen wichtiger als die konfessionelle Zugehörigkeit.

In diesem Umfeld entwickelt sich an manchem Ort blühendes Leben, gegründet im christlichen Glauben. Einzelne Gemeinden wachsen gegen den Trend. Dynamische christliche Bewegungen erreichen Menschen quer durch Konfessionen und gesellschaftliche Schichten. Kommunitäten haben das gemeinschaftliche Leben neu entdeckt und Leuchtfeuer gelebten Glaubens entzündet. Das Potenzial für eine fruchtbare Entwicklung in vielen volkskirchlichen Gemeinden ist durchaus vorhanden.

Nun gibt es allerdings auch Stolpersteine auf dem Weg zu einer solchen Entwicklung. Oft ist es das Denken in falschen Alternativen wie zum Beispiel Territorialgemeinde contra Profilgemeinde – Volkskirche contra Freikirche – Offenheit contra Bekenntnis – Tradition contra Innovation. In einem weiten gesellschaftlichen Horizont gesehen, ist die Diskussion von innerkirchlichen Unterschieden kaum attraktiv. Wesentlicher ist das gemeinsame Zeugnis gegen aussen in einer Gesellschaft, die sich zunehmend von der Praxis eines gelebten Glaubens entfernt. Eine neue Sicht der gemeinsamen missionarischen Dynamik von christlichen Kirchen, Gemeinden, Kommunitäten und Bewegungen ist nötig. Berührungsängste und pharisäische Rechthabereien sind fehl am Platz. Nur das Miteinander hat eine anziehende Ausstrahlung.

Unterschiede zwischen organisatorischen Strukturen, verschiedenen theologischen Ansätzen, Formen der Frömmigkeit und christlichen Stilrichtungen können als Bedrohung oder als Chance gesehen werden. Das Landeskirchen-Forum hat sich entschieden, die gegenseitige Ergänzung als Potenzial für eine vitale Entwicklung von volkskirchlichen Gemeinden zu werten. Es will Beiträge zur ständigen Erneuerung des schweizerischen Protestantismus in der postmodernen Gesellschaft leisten. Wir teilen die Vision eines aufblühenden Gemeindelebens. Dabei ist uns die Bedeutung von Kommunitäten und christlichen Bewegungen neu bewusst geworden. Seit Generationen haben sie die Glut des christlichen Glaubens bewahrt. Ihr Beispiel kann die Kirchen anstiften, bewusster durch das Kirchenjahr zu gehen und im Alltag zur Nachfolge von Christus einzuladen.

Das vorliegende Buch ist das Ergebnis von vielen persönlichen Kontakten hin und her zwischen Menschen, die sich in volkskirchlichen Gemeinden engagieren, in Kommunitäten leben oder in christlichen Bewegungen mitarbeiten. Soll die eine Kirche von Jesus Christus leben, so sind alle aufeinander angewiesen. Jesus-Bewegungen bringen den traditionellen Kirchen frische geistliche Impulse. Kirchliche Strukturen bewahren die Bewegungen davor, dass sie zur Sekte verkommen. Das Miteinander von allen öffnet den Blick für eine fruchtbare Vielfalt von Gemeindeformen. Die Ortsgemeinden sind weiterhin eine bewährte Grundform, doch die Bedeutung von nicht territorial gebundenen Profilgemeinden und Gemeinschaften wird zunehmen.

Soll das Miteinander von Ortsgemeinden, Kommunitäten und Bewegungen gelingen, so ist eine gemeinsame Basis nötig. Die Ausrichtung auf Christus als unsere Mitte, das in der Bibel überlieferte Wort Gottes, die gelebte Liebe und die Bereitschaft zur Versöhnung gehören dazu. Alte theologische Schubladen erfordern ein Umdenken von allen Beteiligten. Auf dem gemeinsamen Weg des Glaubens können neue Kraftorte entstehen. Neue Impulse wollen wir nicht als Bedrohung oder Konkurrenz betrachten, sondern als Bausteine eines erfüllten Lebens der christlichen Kirche. Dabei ist nicht das «entweder – oder», sondern das «sowohl – als auch» wegleitend.

Das Landeskirchen-Forum als Herausgeber dankt allen Autorinnen und Autoren, die mit ihren Beiträgen zum Gelingen dieses ermutigenden Buches beigetragen haben. Es dankt dem Kirchenrat der evangelisch-reformierten Landeskirche des Kantons Zürich, der Evangelisch-kirchlichen Vereinigung Zürich und Einzelpersonen für die grosszügigen Beiträge an die Druckkosten.

Es ist uns bewusst, dass die vorliegende Auswahl sehr beschränkt ist und dass noch von vielen weiteren Erfahrungen zu berichten wäre. Möge dieser Band dazu anregen, dass an manchem Ort ein Leuchtfeuer des Glaubens entzündet wird!

Alfred Aeppli
Präsident des Landeskirchen-Forums

Europa gilt als spirituelle Kältezone. Umso mehr fallen florierende christliche Gemeinschaften wie Taizé und Bewegungen wie der Alphalive-Kurs auf. Die Kommunität aus dem Burgunder Dorf und die Kursbewegung aus einer anglikanischen Kirche in London ziehen viele Tausende an. Auf das Angebot der Gemeinschaft und elementarer Glaubensinhalte gehen auch junge Menschen ein. Der kalte, oft keifende Diskurs über die Berechtigung von öffentlicher Religion lässt manche Zeitgenossen frösteln; sie möchten eintreten in eine Stube und sich am Feuer wärmen.

Dass Glaube geschwisterlich zu leben wäre, dass Liebe der Stärkung durch die Nächsten bedarf und geteilte Hoffnung beflügelt, ist neu zu buchstabieren. Diese Bewegung zu einander hin ist ein Werk des Heiligen Geistes. Er fügt Menschen zu Gemeinschaften zusammen, schleift Ecken und Kanten ab, befreit von Leerläufen in der hypermobilen Gesellschaft. Unter modernen und postmodernen Vorzeichen will der Leib Christi zeichenkräftig Gestalt annehmen. Was in Gemeinden landauf landab oft nur ansatzweise geschieht, verdichtet sich in christlichen Gemeinschaften.

Dieses Buch wagt eine Umschau. Es stellt schweizerische evangelische Gemeinschaften vor, die auf Jesus Christus hören und seinem Vorbild folgen. Die Worte des guten Hirten suchen sie in einen verbindlichen Lebensstil umzusetzen. Die Gemeinschaften, in zwei Jahrhunderten entstanden, unterscheiden sich vielfältig, nicht zuletzt in der Beziehung zur Institution Kirche. Das Buch versucht den Brückenschlag. Es will die Spannung zwischen Kirchen und diesen Orten verbindlich gelebten Glaubens fruchtbar machen. Dabei sind auch Stolpersteine zu beachten.

Der Band hat Vorgänger. 1982 gab die von Lukas Vischer geleitete Arbeitsstelle Oekumene Schweiz das Papier «Kommunitäten und Evangelische Kirche» heraus. 2003 stellten sich im Band «Evangelische Ordensgemeinschaften in der Schweiz» 16 Kommunitäten und Diakonissenhäuser vor. Ihren spirituellen Boden schilderte Sr. Doris Kellerhals in einem gehaltvollen Aufsatz, der den Bogen von der urchristlichen Gemeinde über den «Verlust des Ordenslebens in den Kirchen der Reformation» zu bestehenden kommunitären Gemeinschaften schlägt. Die Diakonissenhäuser wuchsen an den sozialen Nöten im 19. und frühen 20. Jahrhundert. Wenn im vorliegenden Band der Strauss der Kommunitäten, Bewegungen und Initiativen deutlich bunter als in der Schrift von 2003 ausfällt, hat dies mit der Pluralisierung der Lebensformen und veränderten Bedürfnissen im ausgebauten Sozialstaat zu tun. Zudem haben wir auch Gebetsbewegungen eingeladen, sich vorzustellen und ihre Beziehung zur Kirche zu schildern.

Gemeinschaften und Bewegungen gebührt Wertschätzung dafür, dass sie die Kirchen aufs Gebet verweisen. Das dankbare Bewusstsein für das, was Gott seinen Kindern geschenkt hat, wird betend kultiviert. Vertrauensvoll erbitten und antizipieren Beterinnen und Beter, was Christus durch seinen Leib unter den Menschen tun will, und wagen aus dem Gebet heraus mutige Schritte.

Seit 2005 bemüht sich das Landeskirchen-Forum, reformierte Christinnen und Christen in der Schweiz zu vernetzen und für die Erneuerung der Kirche zu wirken. Dazu dienen Tagungen, Bulletins und die Website www.landeskirchenforum.ch. Es ist unser Wunsch, dass auch dieser Band dazu beiträgt. Wir wissen uns den evangelischen Gemeinschaften und Bewegungen nahe, die für eine lebendige, glaubwürdige Kirche eintreten, und haben darum Partnerschaften mit ihnen aufgebaut und Impulse von ihnen aufgenommen.

In unserem Arbeitskreis hat Hans Corrodi die Idee dieses Buches lanciert, um deutlich zu machen, wie kräftig Kommunitäten und Bewegungen die reformierten Kirchen in *leiturgia, koinonia, diakonia* und *martyria* – Gottesdienst, Gemeinschaft, Dienst und Zeugnis – unterstützen und ihr Leben bereichern könnten. Gegen 40 Adressaten wurden für einen Beitrag angefragt. Im dreiteiligen Buch, das daraus entstanden ist, kommen 22 Autorinnen und Autoren zu Wort. Formal wie inhaltlich unterscheiden sich ihre Beiträge stark; der gemeinsame Pulsschlag ist gleichwohl vernehmbar. Wir hoffen, die Vielfalt gemeinschaftlichen Lebens angedeutet zu haben. Eine umfassende Darstellung müsste auch Gemeinschaften wie die Schwestern von Grandchamp und weitere einschliessen.

Im ersten Teil wird das Beziehungsfeld evangelische Gemeinschaften und Kirche grundsätzlich reflektiert. Hans Corrodi setzt bei der Gabe der Freundschaft an, mit der Jesus seine Nachfolger und Nachfolgerinnen zusammenbindet. Er plädiert für innerevangelische Lernprozesse, weil jede Kirche und Bewegung der Ergänzung bedarf. Er nimmt den Gottesdienst in den Blick, der «zur Schule der Einheit, der Gerechtigkeit und des sozialen Friedens wird». Im zweiten Beitrag beschreibt Sr. Doris Kellerhals Wesen und Stossrichtung des Forums evangelischer Ordensgemeinschaften in der Schweiz. Aus der Überzeugung, dass Kommunitäten die Kirchen vielfältig bereichern können, hofft sie auf eine grössere Vielfalt von Gemeindeformen, eine Erweiterung des territorialen Konzepts von Kirche. Verbindliche Kontakte mit den Kirchenleitungen drängen sich auf.

Peter Dettwiler zeichnet das Werden des kontinentalen basis-ökumenischen Netzwerks Miteinander für Europa im vergangenen Jahrzehnt nach. Er deutet an, was vom Umgang, den der Vatikan mit katholischen Gemeinschaften neuerdings pflegt, zu lernen wäre. Den Schlüssel zu einem tragfähigen Miteinander erkennt er in vier biblischen Grunderfahrungen. Sie befähigen zum kreativen Gestalten der Spannung zwischen Geist und Institution. Heiner Schubert gibt Einblick in Freuden und Leiden der Communauté Don Camillo über 30 Jahre. Er schildert untergründige Prozesse im kommunitären Zusammenwachsen und geht auch auf Konflikte, Enttäuschungen und ungünstige Konstellationen ein. Das Juwel findet er im Abendmahl: «Gemeinschaft entsteht um den Tisch mit Brot und Wein; wir entdecken einander als Brüder und Schwestern jenseits der Unterschiede.» Für Schubert zeigen Kommunitäten an, «dass einzelne Aspekte des Evangeliums durchaus konsequenter gelebt werden können, als das gemeinhin vermutet wird».

Der zweite Teil führt auf elf Schauplätze gemeinschaftlichen Lebens in reformierten Kirchen und an ihrem Rand. Sie werden von ihren Verantwortlichen geschildert. Der Fächer ist weit offen: Diakonissenhäuser, das Evangelische Gemeinschaftswerk im Kanton Bern, kleine Kommunitäten und junge Initiativen wie Casappella in Worblaufen und Ensemble in Riehen stellen sich vor. Sabine Aschmann skizziert, was ihre Kirchgemeinde in Thayngen von Gemeinschaften empfangen hat, Sœur Elisabeth beschreibt die in St-Loup wurzelnde Seelsorge- und Gebetsbewegung der Romandie. Der Facettenreichtum kommunitären Lebens fordert die Kirchen heraus, Gemeinschaften wahrzunehmen, sie in ihre Mitte zu holen und vom distanzierten Nebeneinander zum neugierigen Miteinander überzugehen.

Dazu wollen auch die sieben Initiativen und Werke beitragen, die sich im dritten Teil, «Impulse und Wege», vorstellen. Dem Schweizer Protestantismus zugehörig, tun sie dies auf je eigene Weise, teils im Stillen, teils mit beträchtlichem Echo. Von den verfassten Kirchen formell unabhängig, unterstützen sie diese vielfältig und richten Merkzeichen für missionarisches Christsein auf.

Der Schweizerische Evangelische Kirchenbund SEK hat im Calvin-Jahr 2009 die Bekenntnisfrage aufgenommen und tastet sich an die Zukunftsdebatte heran. Er wird gut daran tun, die Merkzeichen zu beachten und Angebote und Beiträge der Gemeinschaften zu würdigen. Der Rat des SEK hat für die anstehende Verfassungsrevision eine ekklesiologische, eine soziologische und eine Organisationsanalyse erstellen lassen. Was erwarten wir, wenn ein «starker» Kirchenbund angestrebt wird, von gemeinsamem, anhaltendem Gebet, von Orten verbindlicher Gemeinschaft und biblisch fundierter evangelischer Spiritualität?

Die reformierten Kirchen sind bestrebt, den Menschen nahe zu sein, indem sie den Zeitläufen folgen. In der sich rasch wandelnden Gesellschaft erlangen Orte hohe Bedeutung, die verbindliche Gemeinschaft auf Dauer pflegen. Ortsgemeinden und kantonale Kirchen sind auf kommunitäre Gruppen und dynamische Bewegungen angewiesen, die Impulse zum Glauben vermitteln und Geborgenheit anbieten. Anker und Halt suchende Menschen werden es ihnen danken.

Peter Schmid,
Leiter Kommunikation des Landeskirchen-Forums

16

Eine Gesellschaft von Freunden

Hans Corrodi

Ein Schatz liegt im Schweizer Protestantismus verborgen. Er wartet darauf, ans Tageslicht gehoben zu werden. Eine grosse Zahl christlicher Bewegungen, Initiativen und Gemeinschaften bemüht sich, dem Evangelium von Jesus Christus in unserem Land wieder ein Gesicht zu geben und sich miteinander in der Nachfolge des Meisters zu üben. Wie aber sieht ihr Verhältnis zu ihren Kirchen aus?

Ausgangspunkt der gemeinsamen Reise ist die je neue Entdeckung, dass Jesus Christus als Herr der Kirche den Jüngern und Jüngerinnen seine Freundschaft angeboten hat: «Freunde habe ich euch genannt» (Joh 15,15). Wenn das Landeskirchen-Forum sich bei der Erneuerung der Kirchen nützlich machen will, muss es dieser Erkenntnis zunächst in den eigenen Reihen nachleben. Viele Initiativen im ganzen Lande bezeugen ihrerseits, dass sie sich diese Perspektive der Freundschaft ebenfalls aneignen. Das verbindet sie miteinander, weil der Gott der Bibel ein Gott der Beziehung ist. Er versöhnt Menschen mit sich, macht sie beziehungsfähig und ermächtigt sie zur Freundschaft.

Freunde habe ich euch genannt

In Basel strahlte im 19. Jahrhundert das Tatzeugnis von Christian Friedrich Spittler, Sekretär der Christentumsgesellschaft und Begründer zahlreicher missionarisch-diakonischer Werke, in die Stadt und weit darüber hinaus. Die Rede von Basel als «Metropole des Pietismus» machte in Europa die Runde. Spittler seinerseits konnte sich auf geistesmächtige Vorgänger stützen wie etwa den Vater des Basler Pietismus, Hieronymus Annoni – auf den die Gründung der Gesellschaft der Freunde[1] zurückgeht –, oder den Missionspionier und Stifter der Herrnhuter Brüdergemeine, den Grafen Nikolaus Ludwig von Zinzendorf.

Es waren tatsächlich Freundschaften, die sich wie eine Klammer um all diese Gesellschaften und «Anstalten» legten. Freunde schlossen sich zu Komitees zusammen, um sich auf eine konkrete gesellschaftliche Not zu konzentrieren und dort, von Gottes Barmherzigkeit motiviert, kompetent Hand anzulegen.

Spittlers Biografen beschreiben die Christentumsgesellschaft als

«grossartige Organisation, nach ihrer Struktur etwas Einzigartiges und in der Geschichte der evangelischen Kirche Einmaliges. Hier herrschte grösste Freiheit des Geistes und doch wusste man sich in einem einheitlichen Organismus zusammengeschlossen und gegenseitig einander verantwortlich. Es war keine neue Kirche entstanden, und doch waren hier Männer und Frauen miteinander verbunden, die wussten, was Kirche Christi im biblischen Sinn des Wortes ist. Es war keine innerkirchliche Gemeinschaft im gewohnten Sinne des Wortes, denn diese Christentumsgesellschaft erstreckte sich über die verschiedenen Landeskirchen hin.»[2]

Die Verantwortlichen dieser Organismen waren sich darin einig, dass die Bibel einen geschichtsmächtigen Gott bezeugt, dass der Sozietätsgedanke dem Evangelium entspricht und dass das Reich Gottes nahe ist. Der Glaube dürfe nicht im Spi-

---

1 Gustav Adolf Wanner, Hieronymus Annoni, in: Der Reformation verpflichtet. Basel 1979, 70
2 Erich Schick/Klaus Haag, Christian Friedrich Spittler. Giessen/Basel 1982, 22HaaK

rituellen stecken bleiben. Die von Spittler gegründeten Werke waren höchst innovativ, kreativ und gesellschaftlich bedeutsam. Als Basis hatten sie ihren je eigenen Gottesdienst, ohne dass man die Zugehörigkeit zur Landeskirche in Frage stellte. Das Evangelium bekam in Basel ein Gesicht, und das Gesicht der Stadt veränderte sich durch das Evangelium.

Montagne de prière

Freundschaft wächst und vertieft sich durch Gebet. Beim Neustart im Jahr 2005 fragte das Landeskirchen-Forum eine Anzahl Kommunitäten und Bewegungen an, ob sie sich als Gebetspartnerwerke zur Verfügung stellen würden. Überall stiessen die Bittsteller auf offene Ohren. Verschiedene dieser Institutionen schienen auf eine solche Initiative gewartet zu haben und trugen sie auf ihren «Gebetsberg». So wanderten z. B. die Schwestern (und «bergères») von Saint-Loup betend und meditierend über ihre Montagne de prière. An der ersten nationalen Tagung des Landeskirchen-Forums 2006 berichtete Sœur Elisabeth voller Freude von den vielfältigen Bemühungen ihrer Gemeinschaften und Zellen in der Waadtländer Kirche und ihrem Einsatz für ein stärkeres Miteinander.

Die beiden Kongresse christlicher Bewegungen in Europa (Stuttgart I und II, 2004 und 2007) gaben ihrerseits der innerschweizerischen Sammlung der Bewegungen und Gemeinschaften starken Auftrieb (vgl. den Beitrag von Peter Dettwiler). Der Eindruck, dass wir auf einen fahrenden Zug aufstiegen, verfestigte sich zusehends.

In den letzten Jahren haben Jubiläen verschiedener Kommunitäten Kirche und Öffentlichkeit die Gelegenheit gegeben, die Bedeutung der Gemeinschaften und Bewegungen insgesamt genauer kennenzulernen und zu würdigen.[3] An ihren

---

3 Zum Kreis der Jubilarinnen gehörten u. a. Diakonissenhaus Riehen, Basler Mission, Diakonissengemeinschaft Neumünster, Diakonissenhaus Bern, Basler Bibelgesellschaft, Communität El Roi, Evangelische Schwesternschaft

Feiern wurde vielfach das Gemeinsame betont. Man lobte miteinander den menschenfreundlichen Gott und stellte sich da und dort alten Kränkungen, um diese aufzuarbeiten und sich einem neuen Wirken des Heiligen Geistes zu öffnen. Jesus hilft uns, Freunde zu werden und zu bleiben.

Separatisten und Neuerer

Wenn eine typisch-reformierte Unart, nämlich die der Abspaltung und Rechthaberei, unter den Tisch gekehrt wird, dient dies niemandem. Zwar ist unbestritten, dass durch die ganze Kirchengeschichte hindurch und auch seit der Reformation viele Gruppierungen die Sache der Kirche weiterbrachten. Doch viele Fromme haben sich dabei abgesondert. Entweder weil sie sich enttäuscht von der verfassten Kirche abwandten oder von dieser ausgestossen wurden. Sollte man eine solche Institution nicht sterben lassen?, wurde gefragt. Oder: Wäre es nicht besser, diese Sektierer ziehen zu lassen? Zuweilen berief man sich bei solchem Tun – ebenfalls gut reformiert – auf das allgemeine Priestertum. Mit dem Versprechen einer Rückkehr zum Christentum der ersten Stunde wurden Anhänger angelockt. Leider war dies manchmal auf der einen Seite der Anfang von Sonderlehre und Separatismus, auf der anderen Seite der Beginn von Erstarrung. Das Rad der Trennungen drehte sich weiter.

Die Kirchen der Aufklärung machten es den Pietisten immer wieder schwer. Die Distanzierung von Bekenntnis und Glaubenserfahrung verführte viele verfasste Kirchen zu einer Säkularisierung des Glaubens und einer volkskirchlichen Selbstgenügsamkeit. Eine falsch verstandene Bibelkritik und der Monopolanspruch einer bestimmten Hermeneutik, die die

---

Saronsbund, Communität Don Camillo, Herrnhuter Brüdergemeine, Evangelische Stadtmission Basel, Diakonieverein Nidelbad, Mut zur Gemeinde, Vereinigte Bibelgruppen, Theologisch-Diakonisches Seminar Aarau und Campus für Christus.

biblischen Texte entmythologisiert, haben manchen Verkündiger verunsichert und das Vertrauen vieler Gemeindeglieder
in die Bibel untergraben. – Zwar verdankt sich der moderne
Schweizer Bundesstaat weitgehend aufgeklärten und gebil-
deten Neuerern. Doch die Deutungs- und Gestaltungskraft
des Protestantismus nahm ab, je weiter die Privatisierung des
Glaubens fortschritt. Angesichts der Postmoderne agieren
heute viele Kirchen hilflos.

Ecclesia semper reformanda

Die kirchlichen Lager und Konfessionen tun gut daran, das
bekannte biblische Bild von Splitter und Balken aus der Berg-
predigt (Mt 7,3) auch auf sich selbst zu beziehen. Welche
Kirche könnte sich als allein authentisch bezeichnen? Die
Defizite sind unübersehbar. Dennoch: Wir brauchen alle eine
verfasste und starke Kirche. Der Basler Kirchenratspräsident
Pfr. Lukas Kundert schreibt:

> «Im reformierten Schweizer Protestantismus wird sehr gerne in
> verharmlosender Weise vom Pluralismus und seinen Vorteilen ge-
> sprochen in einer Weise, als wäre er etwas Ur-Reformiertes. Die
> dezentrale Organisation vieler Kantonalkirchen und ihre Atomisie-
> rung in unzählige Gemeinden führen faktisch jedoch dazu, dass sich
> gewissermassen viele Freikirchen bilden (…) Das ist nicht die gute
> Tradition unserer reformierten Kirche, sondern (…) des politischen
> Schweizer Liberalismus des 19. Jahrhunderts, nicht aber der Schwei-
> zer Reformation.»[4]

Die unsichtbare und weltweite Gemeinde Jesu braucht auch
eine sichtbare und institutionelle Form. Andere kirchliche
Organisationsformen und Traditionen mit je eigenem Amts-

---

4 Lukas Kundert, Volkskirchlich geprägte Mitgliederkirchen, in: Deutsches
   Pfarrerblatt 9/2007, Download auf der Homepage der ERK-BS.

verständnis dürfen nicht dazu führen, dass eine Kirche abgeschrieben oder jemandem der Glaube abgesprochen wird. Das Landeskirchen-Forum konzentriert sich darauf, vom je Vorgefundenen auszugehen, um es mit Gottes Hilfe und der einsichtiger Multiplikatoren weiterzuführen: «Ecclesia semper reformanda» – eine Kirche, die sich gemäss der Schrift ständig erneuern lässt – ist freilich rascher gesagt als getan. Hier sind die besten Kräfte gefragt. Dabei soll sich keine Kirche selbstherrlich gebärden. Sie stelle sich vielmehr selbstkritisch ihren eigenen Defiziten, lerne zuzuhören und nach dem ihr noch Fremden und Ungewohnten zu fragen. Ein neues auch innerevangelisches Miteinander ist angesagt.

Versöhnung und Erneuerung durch den Geist

Das Aufzeigen von Lücken und Defiziten ist nötig, aber es ist unnütz, dabei stehen zu bleiben. Der Schweizer Protestantismus bewegt sich. Dabei ist nun nicht nur an die Reformierten zu denken. Zu den Evangelischen in unserem Land gehören sie alle, die ihr Erbe an der Reformation festmachen und ihre Tradition mit der Bibel begründen. Das sind viele, und es besteht auch kein Grund, angesichts ermittelter statistischer Werte, das baldige Aussterben des Schweizer Protestantismus herbeizureden.

An dieser Stelle sei ein eindrücklicher Prozess einer innerevangelischen Versöhnung erwähnt, die Schritte zur Versöhnung zwischen der Kirche Zwinglis und den Täuferkirchen. Was sich am Begegnungstag vom 26. Juni 2004 in Zürich zutrug, dürfte als nachhaltiges Ereignis in die neuste Kirchengeschichte eingehen.

Kirchenratspräsident Pfr. Ruedi Reich ging im Grossmünster auf die Unterdrückung der Täufer ein:

«Reformierte Kirche und Täuferbewegung sind Zweige desselben evangelischen Astes am grossen christlichen Baum (...) Wir bekennen, dass die damalige Verfolgung nach unserer heutigen Überzeugung ein Verrat am Evangelium war und unsere reformierten Väter an diesem Punkt geirrt haben (...) Wir anerkennen die Gläubigen der täuferischen Tradition als unsere Schwestern und Brüder und ihre Gemeinden als Teil des Leibes Christi, dessen unterschiedliche Glieder durch den einen Geist miteinander verbunden sind.»[5]

Die zahlreich angereisten Täufer aus den USA und die Exponenten der Konferenz der Mennoniten der Schweiz trafen sich an jenem Tag mit den Vorstehern der reformierten Kirche und Repräsentanten der Stadt am Ufer der Limmat, wo Jahrhunderte zuvor Täufer grausam ertränkt worden waren. Als der Fährmann seinen Weidling heranruderte, das rote Tuch von der Gedenktafel zog und es wie eine Blutspur hinter seinem Kahn in den Fluss schleppte, blieb kaum ein Auge trocken. Dazu die Sehnsuchts- und Ewigkeitslieder des amerikanischen Täuferchors. Der Rat des Evangelischen Kirchenbundes SEK und die Konferenz der Mennoniten arbeiteten in einer Gesprächskommission 2006–2009 «Konvergenzen und Divergenzen der beiden Konfessionen» auf und veröffentlichten als Ergebnis die Broschüre «Christus ist unser Friede».[6]

Das sind hoffnungsvolle Zeichen von Erneuerung. Ein neues Miteinander von Kirchen und Denominationen ist auch festzustellen an der Teilnahme des Evangelischen Kirchenbunds an den letzten beiden Christustagen in Basel 2004 und Bern 2010 Seite an Seite mit dem Verband der Freikirchen und Gemeinden und der Schweizerischen Evangelischen Allianz.

Schliesslich sei hingewiesen auf eine Vereinbarung, die «Gemeinsame Erklärung des Vorstandes des SEK und des Rates der FREOE»[7] von 1998. Gemäss dem Willen der Un-

5   Ruedi Reich, Präsident des Zürcher Kirchenrates, in: Michael Baumann (Hg.), Gemeinsames Erbe. Zürich 2007, 82. Vgl. auch www.anabaptist.ch.

6   Christus ist unser Friede. Schweizer Dialog zwischen Mennoniten und Reformierten 2006–2009, hg. von der Gesprächskommission SEK und KMS, SEK Bern. Vgl. http://sek.ch/organisationen/sek-kms.html.

7   Gemeinsame Erklärung des Vorstandes des SEK und des Rates der Fédération

terzeichnenden soll dieses Papier von den Kirchen angenommen und an der Basis umgesetzt werden. Das dürfte zukünftig eine Konsensfindung im schweizerischen Protestantismus erleichtern. Bewegungen, Gemeinschaften und Landes- und Freikirchen sind keine Gegner, sondern sollen sich gegenseitig anerkennen und ergänzen. Die zu entwickelnde Mentalität ist wohl wichtiger als eine imposante Überstruktur.

Kirche kollegial und liturgisch verantworten

Dem welschen Zweig des Landeskirchen-Forums «Forum Evangélique Réformé – FER» und den Kirchen der Romandie insgesamt verdanken wir neue Impulse in der Vision der einen Kirche.[8] Das Calvinjahr 2009 erwies sich dabei als starker Motor im Aufgreifen des Konzepts von der *einen* und kollegial verfassten Kirche, die ernst macht mit dem Zusammenspiel der Ämter: pasteurs, docteurs, diacres et anciens. Mit seinem diasporatauglichen Verständnis von Kirche überspannt Calvin damit Jahrhunderte und kann wohl als der zukunftweisende Reformator gelten. Will sich die Kirche erneuern, ist die Aufgabe des Theologen als «Trainer» der kirchlichen Basis zu betonen. Die evangelischen Kirchen haben einen Bildungsauftrag: Bildung zu vermitteln, die dazu befähigen soll, das Evangelium in der Gesellschaft auszusagen – wie immer diese sich auch dazu stellt.

Im Anschluss an den Genfer Reformator ist in der Deutschschweiz von der liturgischen Kompetenz der Verkündiger zu reden. Wo man den Gottesdienst als zentrales Ereignis für Glaube und Nachfolge sieht und von ihm Ausstrahlung erwartet, muss dieses Kerngeschäft der Pfarrer, Pfarrerinnen und Pastoren klarer definiert, vertieft und eingeübt werden.

Romande d'Eglises et Œuvres Evangéliques (FREOE). Am 16.12.1998 von den Verantwortlichen unterzeichnet und von der AV des Kirchenbunds vom 17. bis 19.6.2001 in Montmirail angenommen (Dokument im Anhang, 166).

8 Martin Hoegger, Jean Calvin und die Einheit der Kirche. Vortrag an der LKF-Tagung vom 7. Juni 2008. http://www.landeskirchenforum.ch/dok/450.

Beliebigkeit, Events und Gags haben in Gottesdiensten keinen Raum. Der evangelische Gottesdienst muss erkennbar sein. Zunehmend besteht darüber Einigkeit. Dann aber kann von der Gestaltung eines erneuerten Gottesdienstes durch die Verkündigung des Wortes und der Feier der Sakramente noch Grosses erwartet werden. «Eines bitte ich vom Herrn, dass ich im Hause des Herrn bleiben könne mein Leben lang, zu schauen die schönen Gottesdienste des Herrn und seinen Tempel zu betrachten» (Ps 27,4 Luther).

«Gottesdienst mit Ausstrahlung» wird dort gelingen, wo man gewillt ist, das Handwerk der Liturgie wieder zu erlernen und sich darüber Rechenschaft zu geben, wem wir das liturgische Handeln verdanken, nämlich Israel als dem älteren Bruder, der alten Kirche und den Klöstern: Anrufung Gottes, Verkündigung, Bekennen, Sündenvergebung, Fürbitte, Zuspruch des Segens, Feier der Sakramente in Taufe und Abendmahl und Seelsorge. Wenn Pfarrerschaft und Leitungsgremien die Kunst der Liturgie wieder als Kerngeschäft anerkennen, dürfte es auch hierzulande zu einem «Wachsen gegen den Trend»[9] kommen.

Dabei spielt die Lehre eine grosse Rolle. In Anlehnung an Römer 11,32 sagt Lukas Kundert:

«Eine auf dem Evangelium beruhende Kirche hat Dogma zu vertreten – ja, Dogma: Ich wünsche mir von der Kirche Lehre. Wir wissen, Dogma, Lehre, Glaubenslehre hat mit Gottes Lehre zu tun (…) Es geht um die Bibel in der Evangelischen Kirche, es geht um Lehre.»[10]

Zur liturgischen Kompetenz gehört auch die Bereitschaft des Liturgen zu gelebter Nachfolge. Die liturgisch beauftragte Person nimmt eine von Gott verliehene Vollmacht in Empfang, um die Gemeinde in der Begegnung mit Gott anzuleiten und sie in den heiligen Raum der Gottesnähe

---

9 Wilfried Härle u. a., Wachsen gegen den Trend – Analysen von Gemeinden, mit denen es aufwärts geht. Leipzig 2008.

10 Lukas Kundert, Volkskirchlich geprägte Mitgliederkirchen (Anm. 1), 4.

hineinzuführen. Das beinhaltet auch Sündenbekenntnis und Zuspruch der Vergebung. Dieses Gut kann man sich nicht allein auf akademischem Weg erwerben. Wo aber dann? Der mittelalterliche Begriff vom «ordo amoris» weist hin auf den doppelten Aspekt der Liebe Christi. Zur Ordination gehört die Schönheit der Wahrheit, die auch die Bereitschaft zum Leiden in sich schliesst und zusammengefasst wird in der Schönheit der Liebe.

Im Gottesdienst vergewissert sich die Gemeinde ihres Glaubens an den Gott, der sie sammelt, formt und aussendet in den Alltag. Calvin beginnt seine «Institutio» im ersten Kapitel mit der Feststellung: «Die Erkenntnis Gottes und die Selbsterkenntnis stehen in Beziehung zueinander. Das Wesen dieses Zusammenhangs soll hier gezeigt werden.» Calvins Gottesdienst ist öffentlich und findet nicht in einem Winkel statt. Hier bekommt die Stadt ein Gewissen, es entsteht Gemeinschaft und sie strahlt aus. Der Gottesdienst wird zur Schule der Einheit, der Gerechtigkeit und des sozialen Friedens. Man wächst zusammen durch gemeinsames Hören, Beten, Singen und Bekennen.

Leben als Gottesdienst

Die Bewegungen und Gemeinschaften stehen dafür, dass das ganze Leben als Gottesdienst zu verstehen sei. Mit dieser Einsicht verwirklichen sie das, was die Reformatoren proklamierten. Dieses Verständnis wollen sie zusammen mit ihren Kirchen leben und nicht gegen sie. Die verfassten Kirchen ihrerseits tun gut daran, das Verhältnis zu diesen reformatorischen Zellen zu regeln und ihr Zeugnis zu beachten. Warum haben die Reformatoren just diesen Zweig der Kirche abgeschnitten?[11]

Im Leben der Kommunitäten erhält die Liturgie ihre einmalige Bedeutung. Durch die zentrale Stellung der verbindlichen

11 Vgl die Ausführungen von Sr. Doris Kellerhals in diesem Band, 33–43.

Tagzeitengebete verfügen Klöster und Kommunitäten über einen reichen liturgischen Schatz. So ruft die Glocke die Gemeinschaft regelmässig zu den Horen, den Stundengebeten, zu Vigil, Laudes, Vesper und Komplet. Die eucharistische Feier bildet die Mitte einer monastischen Gemeinschaft. Das macht die Communio Sanctorum anschaubar, konkret – und auch fragil.

Das liturgische Geschehen führt durch Stille und Gebet ein in die Begegnung mit dem Heiligen. Es gibt dem Leben Struktur und Rhythmus. Der Mensch erlebt sich gleichzeitig als Individuum und Kollektiv, das ihn herausfordert, einbindet und trägt. In der Gemeinschaft werden Höhen und Tiefen erlebt. Man geht in der Nachfolge Jesu Christi miteinander wandernd und in Solidarität durchs Kirchenjahr und erlebt sich als Communio Sanctorum. So wird der Gottesdienst, gefeiert in Wort und Sakrament als Mitte des Lebens. Indem sie den Akzent auf die theologischen Inhalte von Schöpfung, Kreuz und Auferstehung setzen, erweisen sich die Kommunitäten und Gemeinschaften heute als ökumenische Avantgarde. Im Gottesdienst wird die Gegenwart und Kraft Gottes erbeten und erfahren.

Schwester Doris Kellerhals schreibt in ihrer Dissertation «Heilende Gemeinschaft in der Postmoderne» von «heilenden Faktoren der Liturgie»[12]. Das heisst nun nicht, an die Liturgie zu glauben, sondern vielmehr mit der Liturgie in der Gegenwart Gottes einen Weg der Heilung zu gehen – so wie der Gott der Bibel ihn meint. Unsere zerrissene und rastlose Gesellschaft ist auf das Zeugnis einer solche Hoffnung stiftenden und heilenden Gemeinschaft angewiesen.

Wo die Gemeinde angeleitet wird zu einem fröhlichen Bekennen von dem, was sie glaubt und bewegt, erfreut und bedrückt, und sie in der Feier des Gottesdienstes zur Kraftquelle zurückkehrt, werden die Kirchen zu Kraftorten. «Stell dir vor es ist Gottesdienst und alle gehen hin!»

---

12 Sr. Doris Kellerhals, Heilende Gemeinschaft in der Postmoderne unter besonderer Berücksichtigung der Benediktsregel. Basel 2008, 281.

Der Schweizerische Evangelische Kirchenbund bemüht sich seit einigen Jahren, die Bedeutung der Sakramente und deren Vollzug deutlicher herauszuarbeiten und den Kirchgemeinden zu vermitteln. Die in der Schrift «Das Abendmahl in evangelischer Perspektive» geäusserten Überlegungen und Empfehlungen sind sehr bedenkenswert.[13]

Nach wie vor besteht aber in Theologenkreisen und kirchlichen Leitungsgremien weit herum viel Unsicherheit darüber, ob die Taufe noch als ein «Einverleibt-Werden in den Leib Christi» (Calvin) gelten kann – oder doch eher als eine «Segnung mit Wasser» für ein Familienfest. Und ob im Abendmahl die geistige Präsenz Christi im Ernst geglaubt werden darf (Zwingli, Bullinger und Calvin) – oder es eher als ein unterbestimmtes Symbolgeschehen zu deuten sei.

Die Reformatoren haben die Sakramente biblisch und klar begründet. Wo diese nun Gefahr laufen, nur noch als Kasualien gehandelt zu werden, steht vieles auf dem Spiel, nämlich die ökumenisch geforderte Erkennbarkeit kirchlichen Handelns. Wenn eine Theologie die christologischen Inhalte des Glaubens preisgibt, kann eine Kirche die Sakramente nur noch gebrochen feiern. Eine einschlägige Schrift zum Thema Abendmahl redet dazu Klartext.[14]

---

13 Das Abendmahl in evangelischer Perspektive, Überlegungen und Empfehlungen des Rates des Schweizerischen Evangelischen Kirchenbundes SEK-FEPS, 2004.

14 Christoph Ammann, Ralph Kunz, Matthias Krieg (Hg.), Abendmahl. Zürich 2007. Vgl. den Beitrag von Beat Huwyler, 23: «Wer die Rede von Sünde und Schuld grundsätzlich für menschenverachtend hält und darin den Ausdruck eines altmodischen und zu überwindenden Gottesbildes sieht, muss auch da andere Akzente setzen. (…) In der Abendmahlsliturgie steckt eine geballte Ladung Theologie. (…) Es ist bedauerlich und gewiss kein Zeichen theologischer Kompetenz und Verantwortung, wenn Pfarrerinnen und Pfarrer mit der Abendmahlsliturgie in grosser Freiheit, um nicht zu sagen: Willkür verfahren (…)»

Gerade in diesen zentralen Bereichen ist die christliche Gemeinde auf Lehre und Aufklärung angewiesen. Der Schweizerische Evangelische Kirchenbund war 1973 führend in der Erarbeitung der Leuenberger Konkordie[15] Die dort vereinbarten Grundsätze und Glaubenswahrheiten haben demnach für die reformierten Kirchen der Schweiz Gültigkeit. Konsequenterweise müssen sie Eingang finden nicht nur in die Deklarationen des Kirchenbunds, sondern in die jeweiligen kantonalen Gottesdienstordnungen. Die Kirche Basel-Stadt hat dies vorbildlich getan. In der neuen Gottesdienstordnung von 2006 ist es gelungen, auf einen Bekenntnistext verbindlich Bezug zu nehmen.[16] Auf diese Weise wird die Rede von der «Bekenntnisfreiheit» hinfällig. Es ist nicht wahr, dass Reformierte glauben können, was sie wollen.

Es lohnt sich wohl, hier auf den Wortlaut der Leuenberger Konkordie zu hören. Im Abschnitt «Der Weg zur Gemeinschaft» lauten die Texte zu Taufe und Abendmahl wie folgt:

Absatz 14: «Die Taufe wird im Namen des Vaters, des Sohnes und des Heiligen Geistes mit Wasser vollzogen. In ihr nimmt Jesus Christus den der Sünde und dem Sterben verfallenen Menschen unwiderruflich in seine Heilsgemeinschaft auf, damit er eine neue Kreatur sei. Er beruft ihn in der Kraft des Heiligen Geistes in seine Gemeinde und zu einem Leben aus Glauben, zur täglichen Umkehr und Nachfolge.»

Absatz 15: «Im Abendmahl schenkt sich der auferstandene Jesus Christus in seinem für alle dahingegebenen Leib und Blut durch sein verheissendes Wort mit Brot und Wein. Er gewährt uns dadurch Vergebung der Sünden und befreit uns zu einem neuen Leben aus Glauben. Er lässt uns neu erfahren, dass wir Glieder an seinem Leibe sind. Er stärkt uns zum Dienst an den Menschen.»

---

15 Leuenberger Konkordie 1973 und Leuenberger Kirchengemeinschaft: Statut der Gemeinschaft Evangelischer Kirchen in Europa (GEKE). §1 «Die der Konkordie zustimmenden Kirchen erklären und verwirklichen untereinander Kirchengemeinschaft. (…)»

16 Ordnung für die Gottesdienste und kirchlichen Handlungen (Gottesdienstordnung, von der Synode beschlossen am 21. Juni 2006).

Absatz 16: «Wenn wir das Abendmahl feiern, verkündigen wir den Tod Christi, durch den Gott die Welt mit sich selbst versöhnt hat. Wir bekennen die Gegenwart des auferstandenen Herrn unter uns. In der Freude darüber, dass der Herr zu uns gekommen ist, warten wir auf seine Zukunft in Herrlichkeit.»

Auf dem Weg zu ökumenischer Katholizität

Im 3. Artikel des Apostolischen Glaubensbekenntnisses bekennen die christlichen Kirchen einmütig: «Ich glaube an den Heiligen Geist, die heilige allgemeine christliche Kirche.» – Die Rückkehr zur geglaubten Einheit der *einen* Kirche fällt uns Reformierten schwer. Bei vielen Reformierten sträubt sich alles gegen das katholische Dogma «Ausserhalb der Kirche kein Heil.» Für sie klingt das nach Exklusivität.

Von Zinzendorf stammt das geflügelte Wort: «Ohne Gemeinschaft statuiere ich kein Christentum.» In der grossen Zinzendorf-Biografie belegt Erich Beyreuther, dass dieser «Erzpietist» und grosse Ökumeniker die Zugehörigkeit zur Kirche als unaufgebbar darstellte: «Zinzendorf blieb seiner Grundeinstellung auch in separatistisch gestimmten Gruppen treu, dass sich alle Sammlung glaubender Menschen innerhalb und nicht ausserhalb der Kirche vollziehen dürfe.»[17]

Bonhoeffer, ein anderer Kronzeuge für die Einheit der Kirche, hat in seinem Werk mehrfach auf den Zusammenhang von Heil und Kirche verwiesen. Das ist schwerverdauliche Kost für individualisierte Christen. Wie kann sich der Herr der Kirche mit einem Organismus identifizieren, der im Verlauf seiner Geschichte so viel Schuld aufgehäuft hat und deren Glieder in Eigensinn verharren?

Neben der Ökumene im Grossen gibt es das geduldige Aufeinander-Zugehen der Initiativen, Bewegungen und Gemeinschaften in ihrem Leiden um die Einheit. Die im vorlie-

17 Erich Beyreuther, Die grosse Zinzendorf-Trilogie. Marburg, 1988, Bd 3, 32.

genden Band versammelten Zeugnisse zeigen, wie viel von diakonisch und missionarisch aktiven Gruppen und Gemeinschaften geleistet wird. Oft wirken sie im Verborgenen, kaum beachtet von der Öffentlichkeit.

Was aber ihre Vertreter vermehrt erkennen dürfen, ist die Notwendigkeit, ihre Impulse und Charismen in ein grösseres Ganzes einzubringen und sich «ihrer» Kirche nicht zu entziehen. Die Kirche braucht die Gemeinschaften, und diese brauchen die verfasste Kirche. Keine dieser Körperschaften kommt voran ohne die andere. Sicher ist nie alles kompatibel und muss es auch nicht sein. Einiges dürfte konflikthaft bleiben. Doch durch gegenseitiges Abschleifen wächst der Leib. Martin Breitenfeldt, Direktor von Mission 21, definierte an der Missionssynode 2010 Mission als «Lerngemeinschaft in der Nachfolge Jesu». Es muss demnach erlaubt sein, Fehler zu machen. Man braucht nicht schon alles zu wissen.

Der beschriebene Prozess eines Miteinanders fällt auch der römisch-katholischen Kirche nicht leicht. Indes hat sich Papst Benedikt XVI. dazu erstaunlich dezidiert geäussert: «Ortskirchliche Struktur und apostolische Bewegungen brauchen einander. Wo eines von beiden geschwächt wird, leidet die Kirche als Ganze. Ortskirchen und Bewegungen stehen nicht gegeneinander, sondern sind miteinander das lebendige Gefüge der Kirche.»[18] Das ist die neue Entdeckung einer Weltkirche, die sich auf ihre geistlichen Ressourcen besinnt und ihr Kirchenverständnis erweitert. Der Theologe und Papst sucht den Kontakt mit den Bewegungen und anerkennt ihre Bedeutung: «Die kirchlichen Bewegungen und kirchlichen Gemeinschaften sind heute ein leuchtendes Zeichen der Schönheit Christi und der Kirche, seiner Braut. Ihr gehört zur lebendigen Struktur der Kirche.»[19] Nach unserem

---

18 Benedikt XVI., Kirchliche Bewegungen und neue Gemeinschaften – Unterscheidungen und Kriterien. München 2007, 13.
19 Ebd., 113. Aus einer Ansprache des Papstes an die Teilnehmer des II. Weltkongresse der kirchlichen Bewegungen und neuen Gemeinschaften, 22. Mai 2006.

Verständnis sind dazu unbedingt auch die evangelischen Gemeinschaften zu zählen.

Mit dem vorliegenden Band will das Landeskirchen-Forum zu einem vermehrten Miteinander von evangelischen Kirchen und Bewegungen und Gemeinschaften in der Schweiz beitragen. Sie sollen sich auf diesem anspruchsvollen Weg gegenseitig unterstützen. Die Schrift versteht sich auch als Dank an unsere Gebetspartnerwerke, für geschenkte Freundschaft und treue Fürbitte.

Gefragt sind heute nicht Selbstherrlichkeit und Eigenprofilierung, sondern eine neue Epiphanie[20], die das Licht Gottes hell aufscheinen lässt, sodass andere auch zur Anbetung Gottes gelangen. Das führt zu grösserer Einheit und verhilft auch alten Institutionen zu mehr Glaubwürdigkeit. Wie sich eine Kirche organisiert, müssen wir den zuständigen Gremien und Synoden überlassen. Die verschiedenen Antworten können den Effort in der Ausbreitung des Evangeliums dämpfen oder verstärken. Nach unserem Verständnis verpflichtet aber die biblische Botschaft die Kirchen zu einem geeinten Vorgehen. Es gilt, einer dem Tode geweihten Welt das Evangelium von Jesus Christus als Rettung aus der Not anzubieten und Leben zu bringen.

Kirchen und Bewegungen werden einander nicht beschämen. Sie bleiben zutiefst aufeinander angewiesen: Eine kirchliche Institution ohne Jesus-Bewegung mit frischen geistlichen Impulsen erstarrt leicht zu Religion. Eine Bewegung ohne reflektierte Struktur und Anbindung an die Kirche verkommt bald einmal zur Sekte. Die Bewegungen werden ihr missionarisches Feuer in die Kirche hineintragen, und diese kann bei den vom Geist Bewegten für Bodenhaftung sorgen. Weder die einen noch die andern haben das göttliche Inspirationsgeschehen im Griff, es bleibt Geschenk. Ihre jeweiligen Erkenntnisse sind vorläufig und weisen hin auf Jesus, den kommenden Richter und Weltvollender.

---

20 Das im Alten und im Neuen Testament vielfach bezeugte Herabkommen und Erscheinen der Herrlichkeit Gottes.

«Wir haben diesen Schatz aber in irdenen Gefässen, damit die Überfülle der Kraft Gott gehört und nicht von uns stammt» (2Kor 4,7).

Evangelische Ordensgemeinschaften in der Schweiz – ein Netzwerk für profiliertes kirchliches Leben

Sr. Doris Kellerhals

I Das Forum evangelischer Ordensgemeinschaften in der Schweiz

Ein Anliegen der 80er Jahre: Die Lebensvielfalt unserer Kirchen entdecken

1982 gab die Arbeitsstelle Oekumene Schweiz ein kleines Heft heraus: «Kommunitäten und evangelische Kirche»[1]. Im Hintergrund stand ein wichtiges Treffen: Lukas Vischer (1926–2008), der grosse Ökumeniker und leidenschaftliche evangelisch-reformierte Theologe führte eine Tagung mit Vertreterinnen und Vertretern der Kommunitäten im Nidelbad, Rüschlikon, durch, um sich mit dem Zeugnis der evangelischen Kommunitäten zu befassen. Er wollte diesen neu aufblühenden Zellen gemeinsamen Lebens in unseren evangelischen Kirchen Raum geben: «Dieser Bericht richtet sich an die evangelischen Kirchen der Schweiz.»[2] Deutlich unterstreicht die Schrift das nach wie vor aktuelle und im heutigen kirchlichen Kontext noch dringlichere Anliegen:

---

1 Texte der Evangelischen Arbeitsstelle Oekumene Schweiz 1. Kommunitäten und evangelische Kirchen, Bericht einer Tagung vom 25. bis 28. April 1982 Nidelbad, Rüschlikon. Hg. von Lukas Vischer, Bern 1982.

2 Ebd., 5.

«Wir plädieren deshalb dafür, dass die evangelischen Kirchen die Kommunitäten in erhöhtem Masse ernst nehmen. Es geht nicht nur darum, sie zu ‹tolerieren›, sondern den Beitrag zu erkennen, den sie zur Erneuerung der evangelischen Kirchen leisten können. Die evangelischen Kirchen befinden sich heute in einem Prozess der Selbstfindung. Sie fragen sich neu, was es eigentlich bedeutet, Kirche zu sein. Die Kommunitäten haben bei dieser Aufgabe etwas beizutragen. Sie sind eine Gabe Gottes an die Kirche in unserer Zeit, sie machen etwas von Kirche sichtbar.»[3]

Markant unterstreicht Vischer den Lebenszusammenhang von Kirche und Kommunität:

«Sie (Kommunitäten) haben ihren Sinn nur, wenn sie sich als Teil des Ganzen verstehen und zum Leben des Ganzen beitragen. Andererseits müssen sie darauf achten, dass sie je ihrem besonderen Auftrag treu bleiben und ihn voll ausleben.»[4]

Leider hatte dieser verheissungsvolle Anfang der Verlebendigung der Beziehung Kirche und Kommunität in unserer Kirche keine weiteren Folgen. Das spontan gebildete Netzwerk auf der Tagung von Rüschlikon löste sich auf. Kleinere Kommunitäten kämpften ums Überleben. Sie hatten in der Kirche, je nach örtlichen Verhältnissen, einen schweren Stand. Etliche wurden stillschweigend geduldet. Vorbehalte, manchmal auch Misstrauen oder ein mitleidiges Lächeln gehörten zu den verbreiteten Reaktionen auf kommunitär lebende Menschen – auch von Seiten kirchlicher Amtsträger.

In Deutschland erhielten die Kommunitäten innerhalb der Evangelischen Kirchen Deutschlands (EKD) ein Gefäss: die Konferenz evangelischer Kommunitäten (KevK). Die KevK wird begleitet von einem Delegierten der EKD, einem den Kommunitäten nahestehenden Bischof. Schweizerische

---

3 Ebd., 9.
4 Ebd., 15.

Kommunitäten wurden in diesen Kreis aufgenommen: so die Kommunität Diakonissenhaus Riehen, die Kommunität El Roi Basel, der Saronsbund Uznach, die Steppenblütekommunität Grimmialp. Kommunitäten der Romandie (z. B. Grandchamp und St. Loup) gehören zum entsprechenden französischen Zusammenschluss.

Ein neuer Auftakt

Im Februar 2001 wandte sich die Kommunität Diakonissenhaus Riehen mit einem Brief an den Schweizerischen Evangelischen Kirchenbund (SEK).

Im Schreiben an Pfr. Dr. Gottfried Locher, den damaligen Leiter Aussenbeziehungen des SEK, unterstrich die Leiterin der Kommunität, dass es den evangelischen Ordensgemeinschaften nicht möglich sei, im Rahmen ihrer Kirchen Unterstützung für die kommunitäre Lebensform zu erhalten. Auch bei abnehmendem Engagement in Spitälern und sozialen Institutionen sollten die Diakonissengemeinschaften in ihren Kirchen als Orte umfassenden kirchlichen Lebens gesehen werden. Es wurde der Wunsch formuliert, auch für die Schweiz ein Gefäss aufzubauen, das Menschen, die von Gott zur Lebensform nach den evangelischen Räten berufen sind, ein Forum des Austauschs, der Weiterbildung und eine Plattform des gemeinsamen Auftritts bietet.

Der SEK hörte das Anliegen.

Eine Schrift entsteht

Die unter der Leitung von Pfr. Pierre Vonaesch, Leiter Theologie SEK, gebildete Arbeitsgruppe kam im Jahr 2002 überein, eine Schrift herauszugeben und darin den Ist-Zustand kommunitären Lebens in der Schweiz zu beleuchten.[5] 16 Ordensgemeinschaften stellen sich in der 119 Seiten starken Schrift

---

5   Br. Thomas Dürr, Sr. Doris Kellerhals, Pierre Vonaesch (Hg.), Evangelische Ordensgemeinschaften in der Schweiz, Zürich 2003.

vor, und 5 Stimmen aus der Kirche äussern sich zur Relation von Kirche und Kommunität in der evangelisch-reformierten Kirche der Schweiz.

Bewusst waren es die Ordensgemeinschaften, welche nach den evangelischen Räten leben, die in dieser Schrift zu Wort kamen. Evangelische Ordensgemeinschaften im engeren Sinn, suchten ihre Identität in einer neuen Zeit zu klären und benötigten in ihrem Selbstverständnis Ermutigung und Bestätigung.

Das Ziel der Schrift wurde von den Herausgebenden im Vorwort umschrieben:

> «Die Herausgebenden dieser Schrift bezwecken, das Anliegen der Gemeinschaften im evangelischen Raum zur Sprache zu bringen und ihre Bedeutung als Orte verbindlichen kirchlichen Lebens zu thematisieren. Christliche Gemeinschaften fristen in der evangelischen Kirche meist ein Schattendasein und sind sich, nicht zuletzt auch dadurch, dass sie kleiner und älter werden, ihrer eigenen Identität oft unsicher geworden. Von aussen als Relikte früherer Zeiten betrachtet, erleben sie wenig Unterstützung. In der katholischen Schwesterkirche prägen Orden, Kongregationen und etliche neuere Gemeinschaften das Erscheinungsbild der Kirche wesentlich mit. Sie werden in ihren Anliegen ernst genommen und von der Kirchenleitung in ihrer Lebensform ermutigt.»[6]

Ein Netzwerk entsteht

Am 20. Oktober 2004 trafen sich die leitenden Brüder und Schwestern der evangelischen Ordensgemeinschaften in Bern, um nach der Herausgabe der Schrift über den weiteren gemeinsamen Weg zu befinden. Es wurde die Bildung eines Netzwerks unter dem Namen Forum evangelischer Ordensgemeinschaften der Schweiz (FEOS) beschlossen.

Im Jahr 2006 gab sich das Forum Leitlinien und setzte sich zur Aufgabe, «den verschiedenen evangelischen Ordensgemein-

---

6   Ebd., 13.

schaften der Schweiz eine Plattform zu gegenseitiger Begegnung und Information, Austausch und Stärkung zu geben». Zudem wurde das Anliegen formuliert, Kontakte mit den Kirchenleitungen zu suchen und anstehende Fragen zu thematisieren.[7] Die leitenden Brüder und Schwestern arbeiteten darauf hin, jährlich ein gesamtschweizerisches Treffen für evangelische Ordensangehörige durchzuführen. Dabei sollte ein Wechsel stattfinden zwischen dem evangelischen *Ordenstag* mit einer öffentlichen Gebetszeit in einer Stadtkirche, und einem internen *Thementag*, zu dem ausschliesslich Ordensangehörige eingeladen sind.

Es entstand ein ansprechender Flyer, der alle evangelischen Ordensgemeinschaften der Schweiz vorstellt.

Fünf Treffen mit je ca. 100 Teilnehmenden fanden bisher statt:

2006 Evangelischer Ordenstag im Diakoniewerk Neumünster mit Vesper im Fraumünster Zürich

2007 Thementag in der Kommunität Diakonissenhaus Riehen

2008 Evangelischer Ordenstag im Diakonissenmutterhaus St. Chrischona mit Vesper in der Kirche der Pilgermission St. Chrischona, Bettingen BS

2009 Evangelischer Ordenstag im Diakonissenhaus Bern mit Vesper in der Nydeggkirche in Bern

2010 Thementag in der Schwesterngemeinschaft Ländli, Oberägeri

2011 In Planung befindet sich nun ein Treffen gemeinsam mit dem Landeskirchen-Forum in Basel zum Thema «Kirche leben in Kirchgemeinde und Kommunitäten» am 5. Februar 2011.

Kirchliche Medien wurden zu den Ordenstreffen eingeladen, um das Anliegen der evangelischen Orden zu verbreiten. Die Resonanz in der evangelischen Presse war minimal.

---

7 Die Leitlinien FEOS im Anhang dieses Bands, S. 175.

Zum jährlich stattfindenden Treffen der leitenden Brüder und Schwestern war am 2. Juni 2010 erstmals ein Vertreter der Familienkommunitäten eingeladen. Es wurde beschlossen, dass ein Zusammengehen mit den Familienkommunitäten und der Fachstelle Gemeinsames Leben in Riehen BS anzustreben sei.

Zudem ist das FEOS über eine Delegierte verbunden mit der Bewegung Miteinander für Europa bzw. ihrem Schweizer Netzwerk.

II Grundsätzliche Überlegungen: Ordensgemeinschaften in der evangelischen Kirche gestern – heute – morgen

Den «Perspektiven 15» der Evangelisch-reformierten Kirche Basel-Stadt kann entnommen werden, dass sie im Jahr 1960 rund 137 000 Mitglieder zählte und Ende 2008 noch rund 34 000. Das sind etwa 20 Prozent der Gesamtbevölkerung, was annähernd dem Anteil Kirchenmitglieder in der Pommerschen Kirche[8] entspricht.

Die kirchliche Landschaft hat sich also zum Beispiel in Basel tiefgreifend verändert. Bei der Strukturreform der Basler Kirche wird für das Jahr 2015 mit rund 21 000 Mitgliedern gerechnet.

Wenn nun die Bedeutung der Kirche in ihrer Territorialstruktur abnimmt – so werden die Sozialstrukturen der Kirche umso wichtiger. Es geht um die konkrete *Communio sanctorum* – die Gemeinschaft der Heiligen, also um die Gemeinschaftsstruktur!

Blickt man in die Geschichte zurück, so lässt sich feststellen, dass mit der Reformation im 16. Jahrhundert die evangelische Kirche mit der *Sozialgestalt der Ordensgemeinschaften* radikal gebrochen hatte. Begründet lag dieser Bruch in den zahlreichen Missständen innerhalb damaliger Ordensgemein-

---

8 Michael Herbst, Wachsende Kirche. Giessen 2008, 12.

schaften. Bernhard Lohse hat darauf hingewiesen, dass den Reformatoren in ihrer Zeit vorwiegend ein verzerrtes Bild des ursprünglichen Gedankens vor Augen stand:

> «Zur Zeit Luthers standen sich die spätantike Ursprungsgeschichte und die mittelalterliche Klosterpraxis gegenüber. Luthers Klosterkritik bezieht sich nicht auf die monastische Grundidee, sondern auf die Vorstellungen und Umsetzungen des ausgehenden Mittelalters.»[9]

> «Das Mönchtum war damals teilweise nur ein Zerrbild dessen, was es ursprünglich hatte sein wollen und was es weithin gewesen ist. Von daher betraf der Konflikt zwischen Luther und dem damaligen Mönchtum im Grunde nicht dessen spirituellen Beitrag, sondern bestimmte Erscheinungen und Gestalten, die das Mönchtum im späten Mittelalter angenommen hatte.»[10]

Luther sah sich mit unüberwindlichen Missständen konfrontiert, sodass für ihn eine Reform ausser Betracht stand und nur die Radikallösung angebracht schien: die Auflösung der Orden und das Nein zu monastischen Gemeinschaften.

Im Laufe der Geschichte der protestantischen Kirche wurden die Ortsgemeinden und die Familien zu den zentralen Tragkräften des evangelischen Glaubens. Familienstrukturen und Ortsgemeinden stehen heute in einem Auflösungsprozess. Das Zeugnis kirchlichen Lebens bedarf der verdichteten Orte des Glaubens und des pointiert christlichen Lebens.

In einem aussagestarken Impulspapier hat die EKD (Evangelische Kirche in Deutschland) eine Zukunftsvision für das Jahr 2030 vorgelegt[11]. Darin wird angenommen, dass künftig nur noch zirka 50 Prozent der Kirchgänger in der klassischen Ortsgemeinde beheimatet sein werden.[12] Die andere Hälfte

9 Dieter Haite, Ökumenische Chancen einer Benediktinischen Gemeinschaft, in: Erbe und Auftrag 63, 349.
10 Harding Meyer/ Heinz Schütte, Confessio Augustana. Paderborn 1980, 282.
11 Kirche der Freiheit, Perspektiven für die evangelische Kirche im 21. Jahrhundert, Ein Impulspapier der EKD, 2006.
12 Ebd., 57.

vermutet man in neuen Gemeinschaftsformen, in Netzwerk-gemeinden oder auch in Kommunitäten. Die verschiedenen Sozialgestalten von Kirche sind aber nicht isolierte «neue Gemeinden». Sie verweisen aufeinander, sind untereinander verbunden und verstehen sich als Teil der protestantischen Kirche.

«Ein ganz neues Gewicht gewinnen Kommunitäten und klosterähnliche Gemeinschaften an besonderen kirchlichen Orten. Die Zahl evangelischer Gemeinschaften mit einer verbindlichen geistlichen Lebensform wächst; oftmals erfüllen sie herausgehobene geistliche Räume mit ihrem spirituellen Leben. Sie wollen und sollen den Dienst der Ortsgemeinde ergänzen. An solche Orte kommen Menschen, die Zeiten der Stille und des gemeinsamen geistlichen Lebens, also ein ‹Kloster auf Zeit› suchen. Soweit ihre Gottesdienste und Gebetszeiten öffentlich sind und sie sich im Rahmen der kirchlichen Glaubens- und Lebensordnung bewegen, sind diese Kommunitäten ein Schatz der evangelischen Kirche, dessen Bedeutung für die evangelische Frömmigkeit im Wachsen ist.»[13]

Eine grössere Vielfalt von Gemeindeformen wird auch unsere Kirche brauchen. Die Territorialstruktur ist längst in Auflösung. Die Ortsgemeinde wird weiterhin eine gemeindliche Grundform bleiben. Aber ihre Bedeutung wird abnehmen. Wenn im gleichen Zug die Bedeutung von übergemeindlichen, nicht territorial gebundenen Profilgemeinden zunimmt, dann brauchen diese Anerkennung durch die Kirchenleitungen, einen Platz in den Kirchenverfassungen und eine entsprechende und angemessene Einbindung in die kirchlichen Strukturen der Zukunft.

Und die evangelischen Ordensgemeinschaften sind dazu herausgefordert ganz neu den wichtigen Auftrag, den sie in unserer Zeit haben, zu erkennen. Sie sind herausgefordert, ihr Leben am Evangelium zu orientieren und neue Formen des Lebens und Glaubens zu entdecken.

---

13 Ebd., 56.

Kommunitäten sind Orte, wo der Name Gottes geheiligt wird, wo seine Gegenwart geglaubt wird, von wo Liebe, Friede, Versöhnung ausgehen, wo Gottesdienste mit Freude und Lebendigkeit gefeiert werden, wo Benachteiligte Zuwendung erfahren. Kommunitäten sind Orte lebendiger Spiritualität in einer neuen Zeit.

Der bekannte Theologe Pannenberg fasst treffend zusammen: «Nicht aus einer Reform der Sakramentsverwaltung, nicht aus der Reform der Ämter, sondern aus der Wiedergeburt konkreter Gemeinschaft wird die Kirche ihre gegenwärtige Krise überwinden.»[14]

Profilierung der Wesensmerkmale kirchlicher Identität in Kommunitäten

Ordensgemeinschaften leben in dichter Form Kirche Jesu Christi. Was heisst das?

Kirche, so wie sie in der evangelischen Tradition verstanden wird, konstituiert sich grundsätzlich durch *Wort und Sakrament*. Kirche und Kommunität sind wesensmässig verbunden durch ihre Grundvollzüge von *koinonia* in *leiturgia, diakonia, martyria*. Darin sind die massgeblichen Beziehungsfelder im Leben der Kirche zu allen Zeiten verdeutlicht: Das Verhältnis der Christen untereinander in der Lebensgemeinschaft (*koinonia*), das Verhältnis zu Gott in der Glaubensgemeinschaft (*leiturgia*) und das Verhältnis zur Gesellschaft im Zeugnis des Glaubens (*martyria*) und in der Dienstgemeinschaft (*diakonia*).

Im dreifachen Auftrag, Lebens-, Glaubens- und Dienstgemeinschaft zu sein, sind Ordensgemeinschaften, Kommunitäten, kirchliche Bewegungen also im Grunde Kirche oder Gemeinde Jesu Christi in ihren konstitutiven Grundfunktionen von *koinonia, leiturgia, martyria* und *diakonia*. Konstitutiv

---

14 Wolfhart Pannenberg, Christentum in einer säkularisierten Welt, Freiburg 1988, 343.

heisst: Ohne diese Grundvollzüge ist kirchliches Leben, kommunitäres Leben, nicht vollständig.

Es stellt sich damit die herausfordernde Frage:

Wie gelingt Gemeinschaft (*koinonia*) in der Postmoderne?

Wie lebt die Gemeinschaft das Zeugnis (*martyria*), das Mitteilen des Wortes der Heiligen Schrift, auf eine dieser Zeit angemessene Weise?

Wie vollzieht sie das gottesdienstliche Leben (*leiturgia*) im Heute einladend und lebensfördernd?

Wie kann sie das Füreinander im Dienst (*diakonia*) am Mitmenschen heilend ausdrücken?

Ein Beispiel: Ein postmodernes evangelisches Kloster-Dorf in Riehen BS

Die Kommunität Diakonissenhaus Riehen übernimmt im Jahr 2011 die altehrwürdigen Spitalgebäude und erweitert dort, eng verbunden mit dem Kernareal der Kommunität, den Raum des kirchlichen Lebens. Dieses Geistlich-diakonische Zentrum bildet ganzheitlich die kirchlichen Lebensdimensionen der Kommunität Diakonissenhaus Riehen als *ecclesiola* in *ecclesia* ab: als Gemeinschaft des Lebens (*koinonia*), des Glaubens (*leiturgia*), der Diakonie (*diakonia*) und des Zeugnisses von Jesus Christus (*martyria*).

Konkret heisst das:

- Eine oder mehrere unserer kommunitär lebenden Schwesternzellen mit ihrem Rhythmus von Gebet und Arbeit werden präsent sein.
- Kinder, Jugendliche, Familien und Menschen in späteren Lebensphasen gehören zum Kloster-Dorf. Eine Kinderkrippe, Wohneinheiten, Begegnungsräume sind vorgesehen.
- Einzelgäste, kleine Gastgruppen finden Übernachtungsmöglichkeit und Verpflegung.
- Der «Fachbereich geistliches Leben» unter der Leitung einer Schwester und Pfarrerin der Kommunität Diakonis-

senhaus Riehen ist ein Angebot am Puls der Zeit: Exerzitien im Alltag, Einkehrtage oder auf Anfrage hin andere Angebote gehören dazu.

- Befristet in der Kommunität Lebende (Kloster auf Zeit), die den Rhythmus und das Leben aus dem Glauben der Kommunität teilen wollen, beleben das Klosterdorf.

- Mitwohnende, die bewusst Anschluss an das ganzheitlich kirchliche Leben der Kommunität suchen, aber ihrer eigenen Arbeit und Verpflichtung nachgehen, finden Raum.

- Der evangelischen Ordensgemeinschaft nahestehende Personen, aus dem Drittorden und anderen Beziehungsnetzen, unterstützen den kirchlichen Auftrag vor Ort.

- Menschen aus der Umgebung können das Lädeli oder das Klostercafe aufsuchen, handwerklich wirken, einen Kurs besuchen, Gottes Wort teilen, oder eine Not für das Gebet deponieren.

Unsere Zeit braucht neue kirchliche Lebensorte.

Gott beruft Menschen, die sich in der Postmoderne für den Bau seines Reiches einsetzen. Die Möglichkeiten sind umfangreicher und vielgestaltiger denn je.

Gemeinschaften im Miteinander

Peter Dettwiler

Das Miteinander christlicher Bewegungen und Gemeinschaften

Es ist eine erstaunliche Geschichte, die sich im ersten Jahrzehnt des 21. Jahrhunderts ereignet hat: Die Entstehung eines neuen ökumenischen Netzwerkes von christlichen Bewegungen, Gemeinschaften, Kommunitäten, Werken und Initiativen aus der evangelischen, katholischen, anglikanischen und orthodoxen Tradition! Während die offizielle Ökumene von Kirchen und Institutionen zu stagnieren oder sich gar abzukühlen scheint, hat sich auf einer anderen Ebene ein neuer und unerwarteter ökumenischer Aufbruch ereignet, der auch der «offiziellen» Ökumene hilfreiche Impulse geben könnte. In diesem «Miteinander christlicher Bewegungen und Gemeinschaften» begegnen sich Christinnen und Christen aus sehr unterschiedlichen Spiritualitäten und Kulturen, lernen einander trotz gegenseitigem Fremdsein achten und schätzen und beginnen, gemeinsam für die Gesellschaft und die Ökumene zu leben und zu arbeiten. Ebenso vermitteln sie wichtige Impulse für das Leben der «etablierten» Kirchen, sofern diese sich von den Charismen und Spiritualitäten der Bewegungen und Gemeinschaften herausfordern und bereichern und umgekehrt die Bewegungen sich in die Kirchen integrieren lassen. Charisma und Institution brauchen einander, stehen jedoch oft auch in einem Spannungsverhältnis zueinander.

Kristallisationspunkte für dieses Miteinander von Bewegungen und Gemeinschaften waren die beiden europäischen Treffen «Miteinander für Europa» in Stuttgart 2004 und 2007, Stuttgart I und II wie sie mittlerweile genannt werden. Einer Grossveranstaltung mit gegen 10 000 Teilnehmenden ging jeweils ein Mitarbeiterkongress voraus. Beim zweiten Kongress waren es Vertreterinnen und Vertreter von mehr als 240 christlichen Bewegungen und Gemeinschaften, die bei Plenarveranstaltungen, Podien und Foren einen intensiven Austausch pflegten. Von der Adoramus-Gemeinschaft bis zum Zentrum für Erneuerung Maranata war eine grosse Vielfalt von Gruppierungen vertreten. Ein grösserer Gegensatz als etwa jener zwischen der katholischen Schönstatt-Bewegung mit einer ausgeprägten Marienfrömmigkeit und der Freien Christlichen Jugendgemeinschaft (FCJG) Lüdenscheid evangelisch-freikirchlicher Prägung ist kaum denkbar. Und doch haben sich zwischen diesen beiden Gemeinschaften Kontakte mit gegenseitigen Besuchen entwickelt. Auch von der Communauté de Taizé über die Evangelische Marienschwesternschaft bis zur Gemeinschaft Sant'Egidio spannt sich ein weiter Bogen. Es finden sich in diesem Miteinander Bewegungen und Gemeinschaften aus allen grossen Kirchenfamilien, wobei auf evangelischer Seite der Übergang von Gemeinschaften oder Kommunitäten zu freikirchlichen Gemeinden oft fliessend ist.

Unter dem Begriff «Bewegungen und Gemeinschaften» sind in Wirklichkeit sehr verschiedene Formen christlichen Lebens zusammengefasst: Erneuerungsbewegungen, Kommunitäten und Lebensgemeinschaften, missionarische und evangelistische Werke, diakonische und soziale Werke, therapeutische Werke oder Gemeinschaften bis hin zu Dachverbänden wie der Vereinigung Evangelischer Freikirchen. Neben traditionellen Vereinigungen wie CVJM sind es in erster Linie Bewegungen und Gemeinschaften, die vorwie-

45

gend in der zweiten Hälfte des 20. Jahrhunderts entstanden
sind.

Die Struktur des Miteinanders

46 Diese Vielfalt und Offenheit ist die Stärke dieses Netzwerkes.
«Unsere Verschiedenheit erleben wir nicht länger als trennend oder beängstigend, sondern als Reichtum und Ergänzung» (Botschaft «Miteinander für Europa» vom 12. Mai
2007). Das «Miteinander» ist ein «Miteinander auf dem
Weg» von eigenständigen Gruppierungen in der Vielfalt
der unterschiedlichen Spiritualitäten, Charismen und Strukturen. Ziel ist nicht eine organisatorische Einheit, sondern
eine gelebte Gemeinschaft aus dem Reichtum der verschiedenen Gaben. Die Struktur des Netzwerkes ist «light»: Ein
Leitungskomitee und ein Trägerkreis bilden international
den Zusammenhalt. Die «Grundlagen für das Miteinander
christlicher Bewegungen und Gemeinschaften» wurden beim
Leitungstreffen vom 11. November 2009 in Rom bei der
Gemeinschaft Sant'Egidio verabschiedet. Mitglieder des Leitungskomitees sind in der Regel die Letztverantwortlichen
einer Bewegung oder Gemeinschaft, die vom Leitungskomitee selbst berufen werden.

Wichtig ist auch hier neben der institutionellen Ver-
antwortung die geistliche Dimension: «Die Mitglieder des
Leitungskomitees leben untereinander eine möglichst tiefe
Gemeinschaft (…) Sie haben sozusagen eine ‹zweite Berufung›; das heisst, sie leben nicht nur für die eigene Bewegung oder Gemeinschaft, sondern sie dienen konkret dem
Miteinander.» Das Leitungskomitee bereitet die Treffen des
Trägerkreises vor und entscheidet über die Zulassung neuer
Mitglieder zum Trägerkreis Miteinander für Europa. Trotz
dieses Miteinanders bleibt jede Gemeinschaft nicht nur ihrem
eigenen Charisma und ihrer eigenen Berufung, sondern auch
ihrer angestammten Kirche treu. Die gegenseitige Achtung

vor dem je anderen Charisma schliesst auch die Achtung vor
der Kirche des andern mit ein.

Geschichte des Miteinanders

Das Miteinander christlicher Bewegungen und Gemeinschaften hat zwei Wurzeln, eine evangelische und eine katholische:
Ab 1969 fand in Deutschland jährlich ein Treffen von Verantwortlichen vor allem aus dem evangelischen und freikirchlichen Raum statt, dem sich im Laufe der Jahre über 80 unterschiedliche Gemeinschaften, Kommunitäten, Bewegungen,
Werke und freie Gemeinden angeschlossen haben.

Der andere Wurzelstrang geht auf das Treffen der katholischen Bewegungen mit Papst Johannes Paul II. an Pfingsten
1998 in Rom zurück. Dieser Anlass stärkte die Stellung der
neuen Bewegungen in der katholischen Kirche. Der Wunsch
des Papstes nach einem stärkeren Miteinander dieser Bewegungen wurde von Chiara Lubich, Gründerin der Fokolar-
Bewegung, spontan aufgenommen. Begegnungen mit Andrea
Riccardi von der Gemeinschaft Sant'Egidio und Salvatore
Martinez von der Charismatischen Erneuerung in Italien
machten den Anfang. Zum Kreis stiessen Pater Michael Marmann von der Schönstatt-Bewegung und Frances Rupperts
von Cursillo. 2006 wurde in Rom der zweite Weltkongress
mit mehr als 100 katholischen Bewegungen und Gemeinschaften abgehalten.

Historischer Auftakt zum ökumenischen Miteinander
bildete ein erstes Treffen im Anschluss an die feierliche Un-
terzeichnung der «Gemeinsamen Erklärung» zur Rechtfer-
tigungslehre vom 31. Oktober 1999 in Augsburg. Im Ökumenischen Lebenszentrum Ottmaring trafen sich etwa 50
Personen aus dem Treffen von Verantwortlichen, darunter
Helmut Nicklas (CVJM München), Gerhard Pross (CVJM
Esslingen) sowie Friedrich Aschoff (Geistliche Gemeinde-Er-
neuerung in der evangelischen Kirche) mit Chiara Lubich und

Andrea Riccardi. Die Beteiligten erkannten und anerkannten sich als Mitglieder von verschiedenen Bewegungen, die alle im Wirken des Heiligen Geistes ihren Ursprung haben. Der Wunsch, gemeinsam weiterzugehen, war deutlich spürbar. Doch wohin sollte die Reise gehen? In jene Situation sprach Chiara Lubich ein Wort, das zu einem Leitwort wurde und immer wieder zitiert wird: «Die Partitur ist im Himmel geschrieben. Wenn wir uns treffen, wollen wir gemeinsam auf den Heiligen Geist hören. Er wird uns verstehen lassen, wie wir weitergehen sollen.»

Ein weiteres Schlüsselerlebnis war das Treffen von Verantwortlichen im Februar *2000* in Rothenburg ob der Tauber. Chiara Lubich und Bischof Ulrich Wilckens (Beauftragter des Rates der EKD für die evangelischen Kommunitäten 1991–1998) waren zum Treffen eingeladen. Etliche der Teilnehmenden erlebten so etwas wie eine zweite Berufung, wenn nicht gar Bekehrung: den Ruf zur Versöhnung und zur Einheit. Gerhard Pross berichtet: «Weder zuvor noch danach habe ich eine solch tiefe Bussbewegung erlebt, die natürlich auch unsere Gefühle berührt hat und von der wir doch wussten, dass nicht nur unsere Emotionen bewegt waren, sondern es zutiefst eine Bewegung des Heiligen Geistes unter uns war. (…) Versöhnung war der Beginn der ‹Miteinander-Bewegung›. Chiara Lubich, die seit Pfingsten '98 für das Miteinander unter den katholischen Bewegungen federführend war, reichte uns, dem Leitungsteam des Treffens, am Schluss die Hand und wir versprachen uns gegenseitig: Wir wollen die nächste Wegstrecke miteinander gehen. Die Bewegung ‹Miteinander – wie sonst› war geboren.»[1]

Im folgenden Jahr, am 8. Dezember *2001* kam es in München zu einer ersten öffentlichen Veranstaltung «Miteinander – wie sonst». Ein weiterer Meilenstein auf diesem gemeinsamen Weg. Einem Kongress von rund 800 Verantwortlichen

---

1 Gerhard Pross, Die Vergebung ebnet den Weg des «Miteinanders», in: Zuneigung. Christliche Perspektiven für Europa. Friedrich Aschoff, Br. Franziskus Joest, P. Michael Marmann (Hg.). Gnadenthal 2007, 71f.

verschiedener Bewegungen und Gemeinschaften folgte am Nachmittag eine Veranstaltung im Dom mit rund 5000 Mitgliedern und Freunden. Auf Anregung von Chiara Lubich, unterstützt von Helmut Nicklas und P. Michael Marmann, schlossen die Verantwortlichen ein Bündnis der gegenseitigen Liebe. Es wurde zur Grundlage von allem, was sich später im Miteinander entwickelte. Die gegenseitige Achtung und Liebe öffnete den Blick für das Charisma, das Gott den anderen Bewegungen geschenkt hat.

An einem weiteren ökumenischen Treffen der Verantwortlichen 2002 in Rom entstand die Idee, eine grosse Begegnung der Bewegungen und Gemeinschaften in Stuttgart durchzuführen: Miteinander für Europa. Diese beiden Veranstaltungen 2004 und 2007 erweiterten den Kreis der Menschen, welche sich in dieses «Miteinander» hineinnehmen liessen. Zudem gaben diese Veranstaltungen auch Gelegenheit zu Begegnungen mit leitenden Persönlichkeiten der verschiedenen Kirchen, die für einmal nicht in erster Linie am Rednerpult standen, sondern als Zuhörer eingeladen waren. «Für mich und für viele wurde ‹Stuttgart I› zu einem unvergleichlichen Höhepunkt des Handelns Gottes unter uns. ‹Es war geradezu ein pfingstliches Ereignis›, schrieben mir gleich mehrere Bischöfe. Viele geistliche Bewegungen haben die Erfahrung gemacht, dass sie ihre Identität nicht verlieren, wenn sie sich auf diesen Weg des Eins-Werdens einlassen, sondern sie in noch tieferer Weise gefunden haben. Es ist ein Weg in versöhnter Vielfalt. Der Heilige Geist eint, aber er ebnet nicht ein, denn Gott hat Freude an der Vielfalt.»[2]

Nach Stuttgart I und II[3] wurden die Kontakte unter Bewegungen und Gemeinschaften auf nationaler Ebene vertieft. 2009 fanden in zwölf Städten Europas nationale Treffen statt. Am 11. November desselben Jahres verabschiedete das Leitungskomitee die «Grundlagen für das Miteinander christli-

---

2 Ebd., 72.
3 Website von Miteinander für Europa: www.together4europe.org.

cher Bewegungen und Gemeinschaften». Darin wird festgehalten, dass jede Bewegung oder Gemeinschaft ihre spezielle Aufgabe hat. «Die Charismen, die Gott ihnen anvertraut hat, sind Seine Antwort auf die Bedürfnisse der Menschen. Jedes ist wie ein Lichtstrahl des Heiligen Geistes in eine spezielle ‹Nacht› der heutigen Zeit.» Im Miteinander werden die Gaben erst recht fruchtbar, in der gegenseitigen Ergänzung, zum Wohl der Gesellschaft. «Dabei bleibt jede Bewegung oder Gemeinschaft sie selbst, das heisst treu gegenüber dem eigenen Charisma und der eigenen Berufung.»

Das «Miteinander» wird zu einem «Miteinander auf dem Weg», wie Helmut Nicklas, ein Pionier des Miteinanders, wenige Tage vor seinem Tod andeutete: «Wir haben grosse, historische Momente miteinander erlebt. Sie sind wie Hinweisschilder, die auch in Zukunft den Weg weisen werden. Wir müssen dem treu bleiben, was Gott uns miteinander erleben liess, und diese Geschichte weitererzählen.»

Schlüsselerfahrungen im Miteinander

Vier biblische Grunderfahrungen bilden den Schlüssel zu einem tragfähigen Miteinander. Sie wurden nicht theoretisch aus der Heiligen Schrift abgeleitet, sondern kristallisierten sich bei den verschiedenen Begegnungen heraus, wie oben bereits angedeutet wurde:

- Jesus in der Mitte: Die Erfahrung der Gegenwart Jesu, wo zwei oder drei in seinem Namen zusammen kommen (Mt 18,20), war grundlegend für das Miteinander. In diesen Begegnungen machten Christinnen und Christen die Erfahrung, dass sie trotz ihrer grossen Verschiedenheit in spiritueller, theologischer, konfessioneller, kultureller und menschlicher Hinsicht durch die Präsenz des Auferstandenen zutiefst miteinander verbunden sein können. Sie entdeckten Jesus im anderen, seinen Geist im Charisma der andere Bewegung oder Gemeinschaft und lernten gerade dadurch ihr eigenes Charisma besser kennen und schätzen. «Eine Frucht der Liebe ist, dass sie die Charismen der anderen Bewegungen und Gemeinschaften ins Licht rückt.» (Grundlagendokument)

- Das Bündnis der gegenseitigen Liebe: Das «neue Gebot» von Jesus: «Wie ich euch geliebt habe, so sollt auch ihr einander lieben» (Joh 13,34) wurde zum Leitmotiv für das Miteinander. Immer wieder neu versprachen sich die Verantwortlichen, einander nach dem Wunsch von Jesus nicht mehr loszulassen. «Die Charismen, Gaben, die Gott uns schenkt, haben uns auf den Weg der Geschwisterlichkeit und zum Miteinander geführt. Und darin sehen wir die Berufung Europas. Unsere Geschwisterlichkeit geht aus der Liebe des Evangeliums hervor, die niemanden ausschliesst. Deshalb haben wir heute das Bündnis der gegenseitigen Liebe erneuert, die uns Jesus in seinem Evangelium aufgetragen hat.» (aus der Botschaft «Miteinander für Europa», 12. Mai 2007) Das Miteinander dient also letztlich dem Zeugnis in der Welt und dem Einsatz für die Gesellschaft: «Daran werden alle erkennen, dass ihr meine Jünger seid: Wenn ihr bei euch der Liebe Raum gebt» (Joh 13,35).

- Das Wort Gottes: «Unser gemeinsamer Weg ist bestimmt vom Hören auf das Wort Gottes. Miteinander wollen wir in unserer Zeit das Evangelium leben und bezeugen.» (Grundlagendokument) Während die Sakramente teilweise noch trennende Elemente sind, ist die Bibel die verbindende Basis für Bewegungen, sei es aus der evangelischen, katholischen, freikirchlichen, anglikanischen oder orthodoxen Tradition. Viele dieser Bewegungen und Gemeinschaften sind eben gerade durch eine intensive Beschäftigung mit der Heiligen Schrift entstanden und haben ihre Berufung durch einen besonderen Anruf aus einem Wort der Schrift verstanden.

- Die Versöhnung: Ein tragfähiges Miteinander basiert auf Versöhnung, nämlich auf der Bereitschaft, einander immer wieder mit neuen Augen zu sehen und Vorurteile abzulegen. Gerade in der Begegnung von Christinnen und Christen verschiedener Kirchen schwingen oft auch Ressentiments oder gar Verletzungen mit. Die «Liebe ist bereit, die Lasten der anderen zu tragen und den anderen höher zu achten als sich selbst. Sie lässt uns als Versöhnte leben: im Vergeben und in der Bitte um Vergebung. Das gilt für die persönlichen Beziehungen, aber auch für die Beziehungen zwischen Bewegungen und Gemeinschaften sowie mit den Kirchen.» (Grundlagendokument) Das beinhaltet auch, die noch bestehenden Grenzen zwischen den Konfessionen zu achten und gleichzeitig im Geist der Versöhnung über diese Grenzen hinweg geistliche Brücken zu bauen.

Miteinander für Kirche und Gesellschaft

Bereits der Titel von Stuttgart I und II weist darauf hin, dass das «Miteinander von christlichen Bewegungen und Gemeinschaften» kein Selbstzweck ist, sondern ein «Miteinander für Europa», ein Zeugnis für die Gesellschaft über nationale Grenzen hinweg. «Das Europa des Geistes beginnt dort, wo der Mensch sein Herz dem Wort Gottes gegenüber öffnet, oder besser gesagt, wenn er sein Herz wiederfindet und beginnt, nicht mehr für sich selbst zu leben. Die Bewegungen, die aus Männern und Frauen bestehen, die das Geschenk des Evangeliums empfangen haben, geben dieses Leben Europa weiter. Das hat viele Auswirkungen auf das eigene Leben und das Leben der Gemeinschaft: Es handelt sich um Früchte des Geistes.» So Andrea Riccardi in Stuttgart am 8. Mai 2004 (zitiert im Grundlagendokument).

Die Bewegungen, Gemeinschaften, Kommunitäten und Initiativen verstehen sich von ihrem Charisma, von ihrem eigentlichen Auftrag her als Dienst an Kirche und Gesellschaft. Im Miteinander und in der gegenseitigen Ergänzung wollen sie diese Gaben zur Verfügung stellen. «In diesem Miteinander erkennen wir klarer, welche Verantwortung wir als christliche Bewegungen und Gemeinschaften haben. Unsere Verschiedenheit erleben wir nicht länger als trennend oder beängstigend, sondern als Reichtum und Ergänzung. Diese Erfahrung kann überall dort ein Zeichen der Hoffnung sein, wo das Zusammenleben gefährdet ist.» (Botschaft «Miteinander für Europa» vom 12. Mai 2007 in Stuttgart) Daraus erwächst die Bereitschaft mitzuhelfen, «dass Europa, das in der Vergangenheit durch Kolonialismus, Weltkriege und die Shoah die Menschheit tief verwundet hat, heute seinen Beitrag zum Aufbau einer geschwisterlichen Welt leistet.» (Botschaft)

Diese Verpflichtung wurde in Stuttgart 2007 in einem siebenfachen JA präzisiert:

JA zum Leben – zur unverletzlichen Würde der menschlichen Person in allen Phasen ihrer Entwicklung.

JA zu Ehe und Familie – als Grundlage für eine solidarische und zukunftsfähige Gesellschaft.

JA zur Schöpfung – im Eintreten für den Schutz von Natur und Umwelt als Gabe Gottes auch für die kommenden Generationen.

JA zu einer Wirtschaft, die sich an den Bedürfnissen des Einzelnen und der Menschheit als Ganzes ausrichtet.

JA zur Solidarität mit den Armen und Benachteiligten – in der Nähe und in der Ferne.

JA zum Frieden – im Einsatz für Verständigung, Versöhnung und Dialog in Konfliktsituationen.

JA zur Verantwortung für die Gesellschaft – insbesondere für Kinder und Jugendliche sowie für ein solidarisches Miteinander der Menschen unterschiedlicher Kulturen.

Die Bewegungen und Gemeinschaften verstehen sich aber auch als Teil ihrer Kirche, entsprechend ihrer Konfession in unterschiedlicher Weise. Ihre Charismen sind auch ein Angebot zur Belebung und Erneuerung der Kirchen, Pfarreien und Kirchgemeinden. «Die Erneuerung der Kirche kommt nie bloss von oben, sie fängt unten an, und die Bewegungen kommen von unten. Anders als äussere Reformen kommen sie von der Mitte des Glaubens, vom Evangelium her. Man hat es ja gespürt hier in Stuttgart, diese Freude am Christsein – das ist alles andere als eine trostlose Angelegenheit. Die jungen Leute zeigen, dass sie gerne Christen sind, und das steckt an. Ich glaube, dass die Bewegungen, so verschieden sie auch sind, ein ganz wichtiges Ferment bilden. Auch wenn manche noch Kinderkrankheiten haben, setze ich auf diese Art der Ökumene.» So Kardinal Walter Kasper, Vorsteher des Päpstlichen Rates zur Förderung der Einheit der Christen, in einem Interview 2007.[4]

Kirche und Bewegungen

Werden die neuen christlichen Bewegungen und Gemeinschaften in den «etablierten» Kirchen wirklich als Ferment wahr- und ernst genommen? Und was sind ihre «Kinderkrankheiten»? – Evangelische, katholische, charismatische oder ökumenische Bewegungen und Gemeinschaften geraten mit ihren Kirchen und Kirchgemeinden leicht in Konflikt, erstens durch ihre jugendliche Begeisterung («Wir können nicht anders als von dem reden, was wir gesehen und gehört haben», Apg 4,20), zweitens durch den Anspruch, Gemeinde bzw. Gemeinschaft im urchristlichen Sinne sein zu wollen, was leicht den Eindruck der Überheblichkeit oder Ausschliesslichkeit erwecken kann, und drittens durch ihre übergemeindliche, teilweise auch internationale oder ökumenische Ausbreitung, was mit einer Ortsgemeinde nur schwer kompatibel ist. Dazu kommen oft auch natürliche Unsicherheiten und Einseitigkeiten bei der Suche nach einer adäquaten Ausgestaltung einer neuen Bewegung oder Gemeinschaft.

---

4 Tages-Anzeiger, 15. Mai 2007.

Die andere Frage nach der Akzeptanz durch die «etablierten» Kirchen ist konfessionell unterschiedlich zu beantworten. In der evangelisch-lutherischen Kirche Deutschlands sind die evangelischen Bewegungen, Kommunitäten, Gemeinschaften und Werke besser wahrgenommen und integriert als in den evangelisch-reformierten Kirchen der Schweiz. Zudem sind sie durch das Treffen von Verantwortlichen seit 1969 auch untereinander besser vernetzt. Auf römisch-katholischer Seite hat das Pfingsttreffen von 1998 in Rom eine Wende eingeleitet. Interessanterweise hat das Amt par excellence, nämlich das Papstamt, den katholischen Bewegungen von höchster Ebene aus eine neue kirchliche Legitimation gegeben. Das ist insofern verständlich, als sowohl das Papstamt wie auch die Bewegungen sich als Institutionen verstehen, die über die lokale Gemeinde und Kirche hinaus wirken.

In seiner Ansprache vom 30. Mai 1998 sagte Johannes Paul II.: «Das heutige Ereignis stellt wirklich eine Neuheit dar: Zum ersten Mal versammeln sich die Bewegungen und neuen kirchlichen Gemeinschaften alle zusammen mit dem Papst.» Zentral und immer wieder zitiert ist dann die Feststellung: «Das Institutionelle und das Charismatische sind für die Konstitution der Kirche gleichermassen wesentlich, und sie tragen beide – wenn auch auf verschiedene Weise – zu ihrem Leben, ihrer Erneuerung und der Heiligung des Gottesvolkes bei. Aus dieser gottgewollten Neuentdeckung der charismatischen Dimension der Kirche ist, sowohl vor als auch nach dem Konzil, eine einzigartige Entwicklung der kirchlichen Bewegungen und neuen Gemeinschaften hervorgegangen.»[5]

Am vorausgehenden Kongress der neuen geistlichen Gemeinschaften vom 27. Mai 1998 hielt Kardinal Joseph Ratzinger das Grundsatzreferat zum Thema «Die kirchlichen Bewegungen und ihr theologischer Ort». Er anerkennt darin die Bedeutung dieser neuen Bewegungen: «Da hatte der Hei-

---

5 Jedes Charisma ist der ganzen Kirche geschenkt! Ansprache von Johannes
   Paul II. am 30. Mai. In: L'Osservatore Romano. Wochenausgabe in deut-
   scher Sprache Nr. 24,7ff.

lige Geist sich sozusagen selbst wieder zu Worte gemeldet.»[6] Auch er sieht die Bewegungen als Antwort des Heiligen Geistes auf die jeweils aktuellen Herausforderungen für die Kirche: «Die apostolischen Bewegungen erscheinen in der Geschichte in immer neuen Gestalten – notwendigerweise, weil sie ja die Antwort des Heiligen Geistes auf die wechselnden Situationen sind, in denen die Kirche lebt.»[7] Ratzinger möchte jedoch die Begriffe «Institution und Charisma» nur teilweise als Gegenüber sehen. Das ist insofern verständlich, als auch die Institution Kirche mit Amt und Sakrament sich als geistliche Grösse verstehen und nicht auf das bloss Institutionelle und Amtliche reduzieren lassen möchte und andererseits auch die Bewegungen nicht um ein gewisses Mass an Institutionalisierung herum kommen. Ratzinger bevorzugt deshalb an Stelle des dialektischen eher den geschichtlichen Ansatz: Bewegungen stehen zu den Ortskirchen und ihrem Bischof in einer gewissen Spannung, weil sie ein wichtiges universales, die Ortskirche überschreitendes Element sind. «Bewegungen kommen meist von einer charismatischen Führungspersönlichkeit her, finden Gestalt in konkreten Gemeinschaften, die von diesem Ursprung her das ganze Evangelium neu leben und die Kirche ohne Schwanken als ihren Lebensgrund anerkennen, ohne den sie nicht bestehen können.»[8]

Die feste Verwurzelung in der Kirche ist ein verständliches Anliegen des Präfekten der Glaubenskongregation. Dennoch kommt auch Ratzinger nicht um die Dialektik dieser beiden Pole Institution und Charisma herum: «Beide Seiten müssen voneinander lernen, sich reinigen lassen, sich ertragen und zu jenen Haltungen finden, von denen Paulus

6 Joseph Kardinal Ratzinger, Die kirchlichen Bewegungen und ihr theologischer Ort. Eröffnungsreferat beim Kongress der neuen geistlichen Gemeinschaften in Rom, 27.5.1998, in: Benedikt XVI. Joseph Kardinal Ratzinger. Kirchliche Bewegungen und neue Gemeinschaften. Unterscheidungen und Kriterien. München, Zürich, Wien 2007, 16.
7 Ebd., 49.
8 Ebd., 51.

im Hohen Lied der Liebe spricht (1Kor 13,4ff). So ist an die Bewegungen die Mahnung zu richten, dass sie – auch wenn sie in ihrem Weg das Ganze des Glaubens gefunden haben und weitergeben – ein Geschenk ans Ganze der Kirche und im Ganzen sind (...) Es muss aber auch den Ortskirchen, auch den Bischöfen zugerufen werden, dass sie keinem Uniformismus seelsorglicher Gestaltungen und Planungen huldigen dürfen. Sie dürfen nicht ihre eigenen Pastoralpläne zum Massstab dessen erheben, was dem Heiligen Geist erlaubt ist zu wirken: Vor lauter Planungen könnten die Kirchen undurchlässig werden für den Geist Gottes, für die Kraft, von der sie leben. Es darf nicht sein, dass alles sich einer Einheitsorganisation einfügen muss; lieber weniger Organisation und mehr Geist!»[9]

Diese Dialektik zwischen Institution und Charisma ist als eine kreative Spannung zu sehen. Dazu seien einige grundlegende Gedanken angefügt[10]:

Kirche lebt in der unauflöslichen Spannung von Institution und Gemeinschaft, Amt und Charisma, Struktur und Geist, Form und Inhalt.[11] Diese Spannung durchzieht die ganze Bibel wie auch die ganze Kirchengeschichte: Zelt oder Tempel, Gott oder König, Geist oder Gesetz, Prophetie oder Priestertum, Bewegung oder Kirche? Immer ist die Sehnsucht da nach der «ersten Liebe»[12], nach der unmittelbaren Gottesbeziehung, nach dem Frühling des Aufbruchs. Die Zeit der Zelte war die Zeit der Wüstenwanderung für das

---

9 Ebd., 54f.

10 Veröffentlicht in: Peter Dettwiler. Tanz der Farben. Plädoyer für eine Spiritualität der Gemeinschaft. Frankfurt am Main: Lembeck, 2006, 40–42.

11 Vgl. Peter Dettwiler, Wem gehört Jesus? Kirche aus reformierter Sicht. Frankfurt am Main 2002, Kp 11: Wie viel Kirche brauchen wir?

12 Vgl. Hosea 12,10: «Ich, der Herr, dein Gott seit der Zeit in Ägypten, ich lasse dich wieder in Zelten wohnen wie in den Tagen der (ersten) Begegnung.» Zur «ersten Liebe» vgl. auch Ez 16,8–15: «Und siehe, deine Zeit war gekommen, die Zeit der Liebe. Ich breitete meinen Mantel über dich und bedeckte deine Nacktheit. Ich leistete dir den Eid und ging mit dir einen Bund ein – Spruch Gottes, des Herrn, – und du wurdest mein.»

Volk Israel. Eigentlich eine harte Zeit, aber eben auch die Zeit der unmittelbaren und wunderbaren Führung Gottes, die Zeit der Wunder, die Zeit des stetigen Aufbrechens und die Zeit der Hoffnung auf das Land, wo Milch und Honig fliessen werden. Der spätere Tempel dagegen manifestiert den etablierten Glauben, die Macht des Königtums, den gut funktionierenden Kult und die professionelle Priesterschaft. Auch der Schritt von der Zeit der sogenannten Richter zum Königtum verdeutlicht diesen Übergang vom Charisma zum Amt, von der Führung des Volkes durch charismatische von Gott unmittelbar berufene Gestalten – unter ihnen auch Frauen – zur Institution der Königsdynastie.

Die Spannung zwischen Geist und Gesetz ist nicht nur eine Spannung zwischen Altem und Neuem Testament. Die zehn Gebote sind «Worte des Bundes» (Ex 34,28) und damit «Worte des Lebens», welche die Beziehung zwischen Gott und seinem Volk stärken sollen. Sie sollen nach der Überzeugung der Propheten als Lebensregeln den Menschen ins Herz geschrieben und nicht nur als Gesetze auf steinernen Tafeln eingemeisselt sein. Nicht der Buchstabe, sondern der Geist sollte massgeblich sein. Doch der Dekalog wurde unweigerlich zum Gesetzeskodex, der wiederum durch neue «Ausführungsbestimmungen» interpretiert und geregelt werden musste. – Die Spannung zwischen Amt und Charisma manifestierte sich auch in der Spannung zwischen dem vom Königtum etablierten Priestertum und den von Gott berufenen Propheten. Zwar versuchten die Könige, durch Kultpropheten die Prophetie in den Griff zu bekommen, doch kamen ihnen immer wieder Prophetengestalten in die Quere, die ihnen nicht nach dem Munde redeten, sondern das verkündeten, was sie im Auftrag Gottes zu sagen hatten. – Und schliesslich mündete diese Spannung in jene zwischen der Jesus-Bewegung und der Kirche, die sich im Neuen Testament anbahnt. Aus einer bunten und geschwisterlichen Gemeinschaft von Jüngern und Jüngerinnen um Jesus entsteht eine immer mehr strukturierte Institution. Das Urbild der ersten christlichen Gemeinde, die in Gütergemeinschaft «alles gemeinsam hatte» und «ein Herz und eine Seele» war (Apg 4,32), bekommt nach dem ersten Konflikt, der zur Schaffung des ersten Amtes führt[13], schon bald einen Riss.

Diese verkürzte Darstellung der Spannung zwischen *Geist* und *Institution*, die sich durch die ganze Kirchengeschichte hindurch weiterverfolgen liesse, verdeutlicht eine unausweichliche Entwicklung von der Bewegung zur Institution, vom Neuanfang zur Tradition, vom charismatischen Aufbruch zur etablierten und strukturierten Gemeinschaft; man könnte aber auch sagen: von der ersten Liebe zur reifen Liebe. Diese Entwicklung verlangt eine Gegenbewegung: Der Geist muss sich immer wieder befreien, um Neues wirken zu können. Strukturen müssen aufgebrochen werden durch geistgewirkte Reformen. Amtsträger müssen sich von charismatischen Persönlichkeiten ergänzen lassen. Die Kirche braucht Bewegungen, um in Bewegung zu bleiben, und Kommunitäten als Zellen gemeinschaftlichen Lebens, um lebendig zu bleiben. Dies alles in einer unaufgebbaren Spannung, weil der Inhalt eine Form braucht, die Gemeinschaft von einer Struktur getragen sein muss und die Bewegung zur Institution werden muss, wenn sie ihr Charisma an die nächste Generation weitergeben will. Es besteht in der Kirche nämlich nicht nur die Gefahr, dass der Geist ausgelöscht wird (1Thess 5,19)[14], sondern auch die Gefahr, dass die Zeit der «ersten Liebe» idealisiert und damit der Blick möglicherweise nicht nur für die menschliche, sondern auch für die göttliche Realität verstellt wird. Der Traum von der wahren und reinen

---

13 Der Streit bei der Versorgung der Witwen führt zur Unterscheidung vom «Dienst am Wort» und «Dienst an den Tischen», von Verkündigung und Diakonie, das eine den Aposteln, das andere den Diakonen vorbehalten; Apg 6,2.

14 Interessanterweise ruft gerade der erste Thessalonicherbrief im gleichen Kapitel die Achtung vor den Amtsträgern in Erinnerung: «Erkennt die unter euch an, die sich solche Mühe geben, euch im Namen des Herrn zu leiten und zum Rechten anzuhalten. Achtet sie hoch, und liebt sie.» (5,12f).

christlichen Gemeinde führt sehr schnell zur Überheblichkeit und zu immer neuen Spaltungen. So wie die erste christliche Gemeinde sich aus jenen Jüngern bildete, welche Jesus im entscheidenden Moment verleugnet und verlassen hatten, so vertraut Gott auch heute seinen Schatz einer unvollkommenen Gemeinschaft und einem zerbrechlichen, irdenen Gefäss an.

Miteinander in der Schweiz

An den Kongressen und Veranstaltungen von Stuttgart I und II waren jeweils auch Mitglieder von Bewegungen und Gemeinschaften aus der Schweiz dabei. Miteinander auf dem Weg hat mittlerweile auch in der Schweiz Fuss gefasst, zaghaft noch, von den offiziellen Kirchen kaum beachtet, wobei die Resonanz auf katholischer Seite bisher deutlich grösser ist als auf evangelischer Seite. Das hängt u. a. mit den Pfingsttreffen 1998 und 2006 in Rom zusammen. Bereits 1999 fand ein erstes Treffen von Verantwortlichen aus 25 kirchlichem Bewegungen und Gemeinschaften mit 3 Mitgliedern der Bischofskonferenz statt, mit dem Ziel, sich einerseits zu begegnen und besser kennenzulernen und andererseits in der gesamten (römisch-katholischen) Kirche Schweiz besser bekannt und geschätzt zu werden.

Das zweite Treffen wurde zu einem Symposium ausgeweitet von Verantwortlichen kirchlicher Bewegungen und neuen Gemeinschaften mit Vertretern und Vertreterinnen der Pfarreien und Diözesen. Das Symposium im Fokolar-Zentrum in Baar vom 24. November 2001 thematisierte die Vorbehalte von Gemeindegliedern gegenüber den Bewegungen und Gemeinschaften und die Spannungen, die dadurch in manchen Pfarreien entstanden. 2007 etablierte die Schweizerische Bischofskonferenz die Arbeitsgruppe Neue kirchliche Bewegungen und Lebensgemeinschaften NKB mit einer eigenen Homepage: www.katholischebewegungen.ch.

2006 kam es zu einem ersten ökumenischen Treffen von Bewegungen und Gemeinschaften unter dem Thema «Miteinander Reichtum teilen», das dem Miteinander in der Schweiz neuen Auftrieb gab und im Folgejahr zu einer stärkeren Präsenz von Teilnehmenden aus der Schweiz an Stuttgart II führte. Die Gründung eines Sekretariats Miteinander auf dem Weg half zur besseren Koordination und zur Vorbereitung von Treffen der Verantwortlichen im November 2008 und im Januar 2010 in Montmirail (Neuchâtel) bei der evangelischen Kommunität Don Camillo, wo jeweils über 30 Bewegungen und Gemeinschaften aus der Schweiz vertreten sind.

Beim zweiten Treffen wurde ein Verständnispapier vorgestellt und bearbeitet, das im Juni 2010 herausgegeben wurde: «Unser ‹Miteinander für Europa› und für die Schweiz ist gelebte Gemeinschaft unter selbständigen Bewegungen und Gemeinschaften mit unterschiedlichen Charismen und Strukturen. Wir glauben, dass so unter uns Wirklichkeit wird, was Jesus verheissen hat: Wo zwei oder drei in meinem Namen versammelt sind, da bin ich mitten unter ihnen.» Dieses Miteinander auf schweizerischer Ebene versteht sich als integrierter Teil des Miteinander für Europa und basiert auf den beiden Grundlagendokumenten «Das siebenfache JA von Stuttgart II» und «Grundlagen für das Miteinander christlicher Bewegungen und Gemeinschaften» vom 11.11.2009 des internationalen Leitungskomitees.

Auf evangelischer Seite gab es Anfang der 1980er Jahre einen hoffnungsvollen Ansatz zu einem «Miteinander» nicht nur von Bewegungen, Gemeinschaften und Kommunitäten untereinander, sondern auch zusammen mit den Kirchen – unter der Federführung von Lukas Vischer, der die Ergebnisse 1982 in der Schrift «Kommunitäten und Evangelische Kirche» (Texte der Evangelischen Arbeitsstelle Ökumene Schweiz Nr. 1) zusammenfasste. Dieser Faden wurde 2003 in der Schrift «Evangelische Ordensgemeinschaften in der Schweiz» wieder aufgenommen. Darin schreibt Ruedi Reich, Kirchenratspräsident der Evangelisch-reformierten Landeskirche des

Kantons Zürich: «So gesehen sind Ordensgemeinschaften für ein volkskirchlich geprägtes Konzept christlicher Existenz unverzichtbar. (...) Manches fehlt uns, was sie verwirklichen. Dennoch brauchen wir einander: wir die Ordensgemeinschaften und diese wohl auch die Volkskirchen mit ihrer Weite und ihren vielfältigen Chancen und Möglichkeiten. Zu Recht fordern evangelische Ordensgemeinschaften von den Kirchen darum Anerkennung und auch Freiraum für die eigene Gestaltung und das eigene Profil.»[15]

---

15 Ruedi Reich, Vivre l'évangile, in: Br. Thomas Dürr, Sr. Doris Kellerhals, Pierre Vonaesch (Hg), Evangelische Ordensgemeinschaften in der Schweiz. Zürich 2003, 113.

Communauté Don Camillo
Ein dankbarer Blick auf 30 Jahre Geschichte

Heiner Schubert

Angeregt durch das Beispiel der Christusträger begannen 1977 drei Paare, die Vision einer Familienkommunität umzusetzen. In den über dreissig Jahren kommunitärer Geschichte sind einige Männer und Frauen dazugestossen und geblieben, andere sind wieder weitergezogen. Dass Don Camillo als Kommunität überlebt hat, während andere aufgaben, hängt nicht damit zusammen, dass wir es besonders gut gemacht hätten und andere schlecht. Es ist Gottes Gnade zu verdanken, und solange Er das Gefäss Familiengemeinschaft, so wie wir es leben, sinnvoll findet, werden wir weitermachen.

Neben Gottes Hilfe, die von vielen treuen Freundinnen und Freunden unserer Kommunität täglich für uns erbeten wird (Spurgeon sprach in Bezug auf das Gebet einmal vom «Ofen» – ohne diese Gebete wäre in der Tat der Don-Camillo-Ofen schon lange aus), entdeckten wir im Laufe der Jahre viel, was uns in der Not weitergeholfen hat. Viel von dem, was uns half, hat mit unserem Stil, mit unserem «Groove», wie das heute so schön heisst, zu tun. Andere Körperschaften brauchen andere Werkzeuge, um ihr gemeinsames Leben funktionsfähig zu halten. Für uns waren und sind die folgenden Punkte wichtig.

1. Der gemeinsame theologische Nenner

In unserer Kommunität gibt es Christen mit verschiedenen kirchlichen Hintergründen. Es gibt Katholiken und Reformierte, Evangelikale und Charismatiker. Wir sind uns in vielen theologischen Fragen uneins. Aber wir alle wollen Jesus nachfolgen. Früh hat uns das Wort von der Nachfolge getroffen, und wenn es einen Autor gibt, der uns durch all die Jahre bis heute treu begleitet hat, so ist es Dietrich Bonhoeffer, der dazu früh schon Grundlegendes gedacht hat.

Als Kommunität versuchen wir, verschiedene Stile zu pflegen, und es braucht den gegenseitigen Respekt, diese Verschiedenheiten auszuhalten. Diskussionen entzünden sich typischerweise oft am Liedgut. So haben die einen Mühe mit dem Liedgut der charismatischen Bewegung, andere können mit dem reformierten Gesangbuch wenig anfangen. Wenn wir nicht um die gemeinsame Basis, die Nachfolge, wüssten, würden diese Differenzen uns definitiv auseinandertreiben. Andere Beispiele unterschiedlicher Sichtweisen könnten aufgezählt werden: die Frage des Bibelverständnisses etwa, oder der Art und Weise, wie wir die Wiederkunft Christi sehen. Weil die Basis klar ist, sind Unterschiede in anderen Themen möglich.

Der Ruf in die Nachfolge ist nicht verhandelbar. Das ist sein wichtigstes Charakteristikum. Er gibt dem Einzelnen seinen Platz und seine unbedingte Würde.

Um die gemeinsame Basis – die Beziehung zum Auferstandenen – zu stärken und zu nähren, feiern wir Abendmahl. Nicht jeden Sonntag, aber regelmässig. Sœur Pierrette, die Priorin von Grandchamp, sagte uns einmal: «Die Gemeinschaft entsteht bei der Eucharistie.» Gemeinschaft entsteht um den Tisch mit Brot und Wein; wir entdecken einander als Brüder und Schwestern jenseits der Unterschiede, die Anlass zu vielen Konflikten sind. Wir sehen einander dastehen als die Ebenbilder Gottes, als die wir ursprünglich geschaffen waren und erleben, dass die Bilder, die wir regelmässig voneinander entwerfen und mit denen wir einander nie gerecht werden – im Gegenteil: wir reduzieren einander und sperren einander ein – verblassen. Dabei funktioniert das Abendmahl nicht als «Schwamm-darüber-Veranstaltung»: Es lässt die Konturen von Unvergebenem eher stärker hervortreten. Gerade darin aber weist es Wege zu neuer Versöhnung.

2. Teilen

Kommunitäres Leben kann nur gelingen, wenn der Einzelne sich einbringt mit seinen Gaben. Der materielle Aspekt ist dabei der einfachste: Das Geld zu teilen, muss so organisiert werden, dass kein Neid entsteht. Die grössere Herausforderung ist, seine persönliche Entfaltung in Einklang zu bringen mit der Entfaltung der Kommunität und ihrer Projekte. Ganz gelingt es nie. Das ist zunächst nichts Besonderes: Wer Kinder hat, wer eine Karriere ins Auge fasst, wer durch persönliche Umstände eingeschränkt ist, weiss, dass das andere Möglichkeiten ausschliesst. Jede Wahl, die wir treffen, schränkt ein. Es gibt auch körperliche oder seelische Einschränkungen, die wir nicht selbst wählen.

Im gemeinsamen Leben gibt es nun einige Fragen, die sich akzentuiert stellen: So sind die einen Aufgaben bereits besetzt, wieder andere müssen besetzt werden. Die Fragen nach Stellung und Rolle tauchen immer wieder auf. Damit verbunden ist aber ein hohes Mass an Gestaltungsmöglichkeiten. Jedes Mitglied prägt die Gestalt der Kommunität und ihre Projekte. Das bedeutet einen Gewinn an Lebensqualität.

Wir haben im gemeinsamen Leben festgestellt, dass nicht alle sich gleichermassen einbringen können und wollen. Wir mussten lernen, dass Grenzen individuell sind, und wir haben – vor allem in den ersten Jahren – Einzelne überfordert mit unseren Erwartungen an ihren Einsatz oder ihren Verzicht. Mit der Zeit lernten wir, dass es verschiedene Formen oder Zeitspannen dafür gibt, sich an den kommunitären Projekten zu beteiligen. Das alles braucht gegenseitige Achtung und Verständnis. Es gibt Grenzen des Organisierbaren. Es gibt Zeiten, in denen es an allen Ecken und Enden fehlt, und es gibt Zeiten, während derer einige sich auf den Füssen herumtrampeln. Da ist dann schon mal Treue gefragt und immer wieder das Gespräch. Oft sind solche Zeiten schwierig; umso befreiender ist es, wenn dann wieder Phasen kommen, während derer wir gut aufgestellt sind. Sie sind Geschenke.

3. Das Auge von aussen

Seit Beginn haben wir die Abmachung, dass jede und jeder einen geistlichen Begleiter ausserhalb der Kommunität hat. Wenn es eine Regel gibt, von der wir den Eindruck haben, dass sie nicht nur von Don Camillos beherzigt werden sollte, dann diese. Gemeinsames Leben hat es an sich, den alten Menschen zu wecken. Panzer und Fassaden, die wir uns aneignen, um mit den Widrigkeiten des Lebens umzugehen, bekommen im gemeinsamen Miteinander Risse. Das hat damit zu tun, dass es nicht möglich ist, in geistlichen Fragen etwas vorzuspielen, jedenfalls nicht über längere Zeit. Geistliches Leben hat immer mit Veränderung zu tun, mit dem Weg zurück zum Ebenbild, auf das hin wir geschaffen wurden. Von Bonhoeffer stammt der Gedanke, dass das verlorene Ebenbild nur wiederfindet, wer Teil gewinnt an der Gestalt des menschgewordenen und gekreuzigten Jesus Christus. Teil gewinnen, und das heisst: sich verändern lassen, kann nur, wer von seiner Umgebung mit viel Geduld und Respekt bedacht wird. Denn die Phasen der Veränderung sind für alle anstrengend. Nicht nur für die Betroffenen selbst.

Um aber in diesen Zeiten gut beraten zu sein, braucht es jemanden von aussen. Die Mitglieder der Kommunität haben diese Autorität nicht. Sie sind zu nahe dran, sie sind als

Teil des Systems für Lösungen, die ausserhalb ihrer eigenen Betroffenheiten und Interessen liegen, blind.

Es ist auch aus Respekt den anderen gegenüber wichtig, dass die geistliche Begleitung regelmässig stattfindet. Sie ist zwar keine Garantie, dass Veränderungen gelingen oder das Leben in der Kommunität einfacher wird. Aber sie hilft zu ordnen und sie hilft, die anstehenden Fragen mit einer bestimmten Person zu erörtern, anstatt sie mit vielen zu zerreden.

Ein Thema, das nicht für alle gleich einschneidend ist, aber alle irgendwann betrifft, ist die Frage der Enttäuschungen. Wir kommen zwangsläufig mit idealen Bildern und Vorstellungen in die Kommunität, die zerbrechen müssen. Jean Vanier weist darauf hin, dass Ideale eine Kommunität auch zerstören können. Eine Aufgabe der geistlichen Begleitung ist es, zu überprüfen, wo Ideale die Gemeinschaft weiterbringen und wo sie zerstörerisch wirken, weil sie das Bestehende, das gut genug ist, gefährden. Wer seine Enttäuschungen nicht aktiv be- und verarbeitet, gefährdet unter Umständen das Ganze.

Nicht nur die Idealbilder der Kommunität zerbrechen. Dasselbe gilt auch für die Bilder von Gott, die wir uns machen, und – damit verbunden – für unsere Selbstbilder. Sie sind aufeinander bezogen. Brüche sind notwendig und heilsam, aber sie tun weh. Richard Rohr sagte uns einmal bei einer Begegnung Ende der achtziger Jahre, dass es nötig sei, dass etwa alle zwei Jahre die Bilder zerbrechen, die wir von Gott und von uns haben. Auch wenn diese Kadenz vielleicht etwas hoch ist, so sind die Prozesse unvermeidbar. Denkbar ist, dass kommunitäres Leben sie begünstigt, weil sie ihnen Raum schafft. Eine Quantifizierung ist aber nicht sehr sinnvoll. Nicht nur geistliches Leben, sondern das Leben an sich, funktioniert weitgehend nach dem Try-and-error-Prinzip. Darum halten wir die Seelsorge für unverzichtbar.

So wie die Einzelne eine geistliche Begleiterin braucht, so braucht auch die Gruppe ein Auge von aussen. Leider, aber typischerweise, entdeckten wir die Vorzüge der Supervision erst in einer Krise. Nach fünfzehn Jahren blockierten uns unausgesprochene Konflikte derart, dass Entwicklungen verunmöglicht wurden. In dieser Phase führte uns eine versierte Supervisorin in die Geheimnisse der Gruppendynamik ein. Wir entdeckten etwa, dass es innerhalb der Kommunität Generationen – gemäss dem Beitrittsdatum – gibt. Wer nicht Gründer war, kann nicht Gründer werden. Das klingt banal, aber der Neid um Rollen und Stellung kann lähmend wirken.

Das Bewusstsein, dass verschiedene Generationen in unserer Kommunität miteinander unterwegs sind, half in jener Zeit, sichtbar zu machen, weshalb Beiträgen einiger mehr Gewicht beigemessen wurde, als denen anderer. Zum Wohl der Entwicklung der Kommunität machten wir uns daran, das Prinzip der Anciennität, das allen Organisationen – bewusst, oder unbewusst – eigen ist, zu überwinden. Es bleibt eine Herausforderung.

Eine andere Entdeckung jener Zeit war die Typologie nach Fritz Riemann («Grundformen der Angst»), in die uns ein erfahrener Psychiater einführte. Sie half, Unterschiede der Persönlichkeiten wahrzunehmen und anzunehmen. Wir geraten ja mit Menschen zusammen, die wir uns nicht ausgesucht haben. Es gehört zu den schwierigeren Aufgaben gemeinsamen Lebens zu lernen, einander nicht zu bekämpfen, sondern voneinander zu lernen. Da sind die Erkenntnisse der Psychologie eine grosse Hilfe.

Wunderbarerweise kamen diese Impulse von aussen im Laufe unserer Geschichte im entscheidenden Moment. Gerade darin sehen wir das Wirken Gottes, der uns dann nicht hängen liess, wenn wir aus eigener Kraft einen Neubeginn nicht mehr schafften.

Manchmal braucht es auch Hilfe von aussen, wenn Konflikte zwei Mitglieder entzweien. Eine Eskalation kann zuweilen nur vermieden werden, wenn kompetente Gesprächspartner dazukommen. Wir haben solche Fälle nicht kommunitär geregelt, oder irgendwelche Handlungsmaximen formuliert. Betroffene haben bis jetzt – Gott sei Dank! – rechtzeitig Hilfe in Anspruch genommen, wo sie nicht weiterkamen. Ob es nie zum Bruch kommen wird, kann niemand voraussehen: Es gibt diese Art der Garantien nicht, und die damit verbundene Hilflosigkeit macht uns täglich bewusst, wie angewiesen wir auf Gottes Hilfe sind.

Nicht nur das geschwisterliche Miteinander gebietet, dass ich die anderen nie abschreiben kann. Es ist im Grunde genommen eine theologische Frage: Wenn wir Gottes Ebenbilder sind, so dürfen wir nicht aufgeben, Wege zueinander hin zu suchen. So ist der erste Schritt nie vom anderen zu fordern, sondern liegt in meiner Verantwortung, da wo er mir angebracht scheint.

Ohne Zweifel hat der menschliche Faktor bei Austritten im Lauf der Geschichte eine Rolle gespielt. Meines Wissens aber nie eine entscheidende. Da waren andere Gründe dringlicher. Sympathie und Antipathie sind in der Tat schwierige Themen des gemeinsamen Lebens. Vor ihnen die Augen zu verschliessen, hiesse, ihnen Tür und Tor zu öffnen. Es ist einfach eine Realität, dass einige Menschen mir mehr liegen als andere. Ein wunderbares Geheimnis des gemeinsamen Lebens ist deshalb die Erfahrung, dass wildfremde Menschen, oder Menschen, mit denen ich nichts am Hut hätte, wären sie nicht in derselben Kommunität wie ich, mir ans Herz wachsen können. Über die Jahre kann eine Vertrautheit wachsen, die jenseits gemeinsamer Interessen liegt. Nichtsdestotrotz ist es irgendwann nötig – beispielsweise in der Seelsorge –, sich die Grenzen der eigenen Liebesfähigkeit einzugestehen. An ihr zu leiden, ist, geistlich gesehen, ein gutes Zeichen. Dass manchmal die Kraft zum ersten Schritt fehlt, ist dann kein Versagen oder gar eine Sünde.

Zaghaft und mit der gebotenen Vorsicht lernen wir auch, über Konstellationen zu reden, die ungünstig sind. Ein einfaches Beispiel sind die leiblichen Geschwister, die gemeinsam in der Kommunität leben. Sie leben zum Teil bewusst an verschiedenen geografischen Orten.

4. Demokratisierung

Don Camillo hat heute eine demokratische Struktur. Das war
nicht immer so. Ausgehend von der Benediktsregel wählten wir
in den ersten Jahren einen Prior. Dem Prior zugeordnet war ein
Kapitel. Wer sich für ein lebenslanges Engagement entschied,
bekam darin Einsitz. Das hatte den zweifelhaften Erfolg, das
Einzelne sich für ein solches Leben entschieden, um mitreden
zu können. Sie sind heute nicht mehr dabei. Wir entdeckten
auch andere Grenzen des benediktinischen Modells für eine
Familienkommunität. So geben wir der Familie Priorität vor
der Kommunität. Das führte konsequenterweise zu einem demokratischen Modell.

Wir entschieden uns zudem, dass ein Zweierteam der
Kommunität vorstehen soll. Wir fanden die Doppelstruktur
Kommunität–Familie so, mit einer Co-Leitung, besser reprä-
sentiert. Auch wenn einige Unverheiratete bei der Kommunität
sind, so sind es doch überwiegend Paare oder Familien.

Diese ganzen Prozesse dauerten über zwanzig Jahre. Es
brauchte viele Runden und viele Überlegungen, um bei der
heutigen Struktur anzukommen. Dass es so lange dauerte, lässt
ahnen, dass die Überlegungen weitergehen werden. Immer
aber gelangen uns solche Veränderungen nur dank kompe-
tenter Hilfe von aussen.

5. Mitglied der Kirche

Die evangelisch-reformierten Landeskirchen sind unsere Heimat. Entstanden ist Don Camillo aus der Jugendgruppe einer
reformierten Kirchgemeinde. Wir blieben mit den Landeskirchen verbunden und fühlen uns ihnen als unserer geistlichen
Heimat verpflichtet. Deshalb freut es uns, wenn wir ab und zu
für einzelne ihrer Mitarbeitenden ein Stück geistlicher Heimat
bieten können. In Montmirail, Berlin und Basel sind wir an-
erkannt von der Landeskirche, und wir suchen Möglichkeiten

der Zusammenarbeit. Dass die Sensibilität für Kommunitäten in unserem Land kantonal unterschiedlich ausgeprägt ist, ist bedauerlich. Die Herausforderungen der Postmoderne werden aber die Zusammenarbeit unumgänglich machen. Es braucht einfach Zeit und Leute, die Chancen sehen und sie ergreifen, und zwar auf beiden Seiten. So wäre es zu begrüssen, wenn auch andere Kantonalkirchen Kommunitäten offiziell anerkennen würden, so wie das die Neuenburger Kirche Ende der achtziger Jahre getan hat. Andererseits könnten Kommunitäten das Gespräch mit den Pfarrpersonen suchen, um über Beiträge nachzudenken für die Kirchgemeinde vor Ort.

Die Landeskirchen stehen für Pluralität, für eine zwar rasant schwindende, aber immer noch wahrnehmbare gesellschaftliche Akzeptanz, die eine unglaubliche Chance darstellt. Sie stehen für theologische Kompetenz und für historische Kontinuität. Sie stehen auch für Kompetenz in demokratischen Prozessen.

Viel von dem fehlt Kommunitäten zunächst. Sie werden deshalb nicht selten mit Argwohn beobachtet; der Sektenverdacht ist «klebrig». Die Nähe zu den Landeskirchen ist nicht nur eine Referenz, sie hilft auch, nicht an der Kleinräumigkeit der eigenen Fragen zu ersticken. Dazu braucht es aber gute Beziehungen, die zu pflegen der Wille vorhanden sein muss.

Die Kommunitäten wiederum bezeugen durch ihre Existenz, dass einzelne Aspekte des Evangeliums durchaus konsequenter gelebt werden können, als das gemeinhin vermutet wird. In unserem Fall ist es das Teilen der Zeit, von Ideen und Lebensprojekten, andere Kommunitäten legen den Akzent auf das Diakonische oder Politische; wieder andere pflegen das Gebet, was im Gegensatz zu vielen Klischees harte Arbeit ist.

Ganz allgemein dürfte das Thema der Umgang mit Konflikten sein, was im Lauf der Zeit zu einer Kernkompetenz von Kommunitäten wird, schlicht durch «learning by doing» ... Ohne gelebte Vergebung kann gemeinschaftliches Leben nicht gelingen. Durch die gemeinsame Verpflichtung und die grössere Nähe sind Kommunitäten gezwungen, hier konsequenter auf Versöhnung hinzuarbeiten als Kirchgemeinden. Sie haben darum zu diesem Thema etwas zu sagen da, wo der Wille zu einem fruchtbareren Miteinander besteht.

Der unbedingte und unbedingt positive Grundsatz der Reformation, dass nämlich jede und jeder selbst geradestehen kann und muss in und für seinen Glauben, führt unvermeidlich zu Konflikten. Jede kirchliche Organisation beisst sich an der diesem Grundsatz inhärenten Grenze der Weisungsbefugnis die Zähne aus. Evangelisch sein heisst verhandeln müssen, und zwar auf gleicher Augenhöhe.

An den Schluss dieser Überlegungen gehört der Hinweis, dass die alten Schubladen «Evangelikal» und «Liberal» überholt sind, aber leider in den Köpfen beider Lager noch schwer verankert. Auf beiden Seiten braucht es ein Umdenken, denn die Intoleranz ist bei beiden gleich verbreitet. Auch vor theologischen Positionen hat die Postmoderne nicht Halt gemacht, und dabei sind breitere und offenere Ansichten entstanden, über die konstruktiv ausgetauscht werden könnte. Vielleicht wäre ein Schweizerischer Ökumenischer Kirchentag einmal ein Anlass, alte Ängste und Vorurteile zu überwinden und «in die Wüste zu schicken», um das Kostbare der verschiedenen Traditionen zu entdecken und sich aneinander zu freuen.

Schwestern-Kommunität
Wildberg

Haus der Stille und Einkehr

76 ## CASAPPELLA – Wohnen, Feiern, Dienen – die reformierte Kirchgemeinde Ittigen BE mit Quartiernähe

Bernhard Jungen

spiegelungen

die glocke im bürofenster
der himmel im einerlei des alltags
warmes licht im kalten glas

wo sonntag und montag sich die hand reichen
wo hoffnung die schwere durchdringt
wo glockenklang nicht verhallt im getöse

die tür steht offen
die stille spricht lauter als der lärm
DU bist bei mir

bernhard jungen

Name ist Programm

Casa steht für gemeinschaftliches Wohnen, für Arbeit und Freizeit, für das viele, das unser Leben ausfüllt. *Cappella* steht für Feiern und Beten, für den *einen*, der unser Leben trägt. Drei Wohnungen umgeben einen Innenhof mit Kapelle. Eine Wegkapelle leuchtet zwischen S-Bahn, Hochhäusern und Gewerbe.

Wer hier Stille sucht, findet nicht nur einen ansprechenden Sakralraum sondern Menschen: Eine Gemeinschaft, die hier lebt und sich im Quartier engagiert. Nach einem Jahr Betrieb bleibt die Casappella eine «Baustelle».

CASAPPELLA – Ein Projekt der Kirchgemeinde 77

Meistens entstehen Kommunitäten und Bewegungen mit einer bewusst gewählten Distanz zur institutionalisierten Kirche. Bei der Casappella dagegen steht am Anfang die Vision und Initiative der Kirchgemeinde.

2001 drängte im Kirchgemeinderat Ittigen die alte Frage, was mit dem in den sechziger Jahren als Provisorium errichteten, baufälligen «Barackenkirchlein» im Ortsteil Worblaufen geschehen solle. Abreissen, weil das Kirchliche Zentrum Ittigen so nahe gelegen ist und angesichts pessimistischer Prognosen auch in Zukunft genügend Raum bieten würde? Zentralisation und Reduktion des Angebotes wie vielerorts? An mehreren Klausur-Tagungen von Rat und Mitarbeitern, die auch im «Hören auf Gott «gestaltet werden, erwacht eine Vision: Der Standort Worblaufen soll erhalten und aufgewertet werden.

Zeichen gegen Vereinzelung

In einer Zeit der Vereinzelung soll mit drei Wohnungen ein Zeichen für Gemeinsamkeit gesetzt werden. Mit einem tragfähigen Zusammenleben an einem Ort der Begegnung. Die Vorstellungen nehmen bald klare Formen an: Eine kleine, stets offene Wegkapelle und ein Innenhof mit Foyer sollen von hier lebenden Menschen als Treffpunkt belebt und mitgeprägt werden. Die Einheit von Spiritualität und Gemeinschaft, von Arbeit und Feiern, die Begegnung von Öffentlichkeit und persönlicher Nähe. Der Name Casappella steht bald im Raum als Zusammenfassung dieses Traums.

Vorgeschichte Ittigen: Spiritualität im Wandel

Das ökumenische Kirchliche Zentrum Ittigen wurde in den siebziger Jahren bewusst als ein Mehrzweckgebäude geplant. In diesen vielseitig nutzbaren Räumen hat sich ein reges Gemeindeleben entwickelt mit Gottesdiensten, die Sonntag für Sonntag gegen dreihundert Leute anziehen. Im Kirchenraum lässt sich tanzen, Kaffee trinken, Theater spielen. Wände, Abendmahlstisch und Kreuz lassen sich verschieben, gar aus dem Kirchenraum entfernen. Das prägt auch die Stimmung am Sonntag: Hier lebt eine lockere und laute Gemeinschaft in einem nüchternen Beton-Raum.

Überraschend: Gleichzeitig platzen Exerzitien-Kurse aus allen Nähten und es wächst bei vielen die Sehnsucht nach Stille, Meditation und Gottesdienstformen, die dieser «neuen» Spiritualität Rechnung tragen. Das erklärt das Bedürfnis nach einem eindeutigen Sakralraum in Worblaufen, der immer als solcher eingerichtet und offen sein soll. Ein tonnenschwerer Travertin soll als Abendmahlstisch zusammen mit dem Kreuz die unverrückbare Mitte bilden.

Vorgeschichte Worblaufen: Diakonie als Schönheit

Worblaufen ist zum Teil bis heute – auch sozial gesehen – der am niedrigsten gelegene Teil von Ittigen. Durch Autobahn und SBB-Hauptachse abgetrennt, ist er als Ort geprägt vom grössten S-Bahn-Verkehrsknotenpunkt Berns und dominanten Hochhäusern. Neuerdings sind durch Swisscom, Helsana und SBB-IT rund zweitausend Büro-Arbeitsplätze entstanden. Als Wohngebiet, aus dem die Läden alle verschwunden sind und das vielleicht bald ohne Poststelle dasteht, ist Worblaufen nicht mehr besonders attraktiv. Ein Gefühl der Minderwertigkeit und des Vernachlässigt-Werdens wird in vielen Gesprächen laut. Schon darum ist die sichtbare Präsenz der Kirchgemeinde ein bewusstes Zeichen der Wertschätzung für alle, die hier wohnen und arbeiten. Trotz der Kleinheit der Parzelle (1100 m²) strahlt die Casappella Schönheit aus und stiftet Identität. Heute zeigen nicht wenige Leute aus Worblaufen auch ihren Besuchern aus der Ferne stolz «ihre» Casappella.

Demokratie benötigt Machbarkeit

In einem rund siebenjährigen demokratischen Prozess muss der Traum sich öffentlich bewähren. Die jahrelange Aufbauarbeit in der Gemeinde und in einem stabilen Miteinander von Behörden und Angestellten hat in der Bevölkerung Vertrauen erwirkt. Immer wieder aber wird die Frage laut: Lassen sich Menschen finden, die verbindlich miteinander wohnen und zugleich an kirchlichen Projekten mittragen wollen? Menschen, die bereit sind, sich für andere zu engagieren? Ehrenamtlich und mit Mietzinsen, die für die Kirchgemeinde kostendeckend sein müssen? Es macht Mut, dass erste potenzielle Mieter ihr Interesse an einer solchen Lebensform anmelden.

Schwierig bleibt die Frage, wie ein solches Projekt diakonisch im engeren Sinne werden kann. Können Menschen mit Behinderungen tatsächlich ohne professionelle Betreuung integriert und getragen werden? Von begleitetem oder therapeutischem Wohnen wird bewusst Abstand genommen.

Demokratie bedingt Vernetzung und Orientierung am Bedürfnis

Die Zusammenarbeit mit der Einwohnergemeinde ist intensiv und gut. Dem Bedürfnis nach einer besseren Erschliessung des Quartiers kann entsprochen werden. Überraschend hohe Steuereingänge im entscheidenden Abstimmungsjahr werden von vielen als Bestätigung für den eingeschlagenen Weg empfunden. Bei allen Abstimmungen wird dem Projekt fast einstimmig zugestimmt. Der Synodalrat war an der Eröffnungsfeier mit einem Grusswort dabei. Sobald der Betrieb aufgenommen war, informierte er sich bei einem vertiefenden Besuch über die ersten Erfahrungen. Wir sind dankbar für seine Anregungen wie auch für seine mehrfach unterstützenden Stellungnahmen in der Öffentlichkeit.

Verbindlichkeit gegen Vereinzelung

Verbindliches Zusammenleben steht in herausforderndem Kontrast zum Drang nach Unabhängigkeit und Selbstbestimmung. Zudem ist, gewissermassen in einer Kapelle zu leben, nicht jedermanns Sache. Manche können sich nicht vorstellen, dass jemand, ausser z. B. einem Pfarrer oder Sigrist hier wohnen möchte.

Aber die Ausschreibung findet Wiederhall. Interessenten treffen und «beschnuppern» sich, auch in Begleitung einer vom Kirchgemeinderat eingesetzten Hauskommission. Gemeinsames Wohnen soll mehr sein, als die Waschküche zu teilen und gelegentlich beim Nachbarn die Pflanzen zu giessen. Jede Partei – auch das Pfarrehepaar im angrenzenden Pfarrhaus – schreibt unabhängig auf, was dieses «Mehr» für sie bedeutet und wie viel persönlich zu geben sie bereit ist. Erstaunliche Übereinstimmung, die bis heute hält: Ein gemeinsames einfaches Abendessen pro Woche, zu dem regelmässig Gäste eingeladen werden; dreimal wöchentlich ein kleiner Tagesschluss in der Kapelle; Mitwirken bei der Liturgie im öffentlichen Gottesdienst am Sonntagabend;. zweimal pro Jahr einen Anlass für das Quartier gestalten. Bis jetzt sind die Eröffnungsfeiern, eine Kleidersammlung, ein Adventsapéro mit Musik, ein Adventsfenster, ein Fussballstübli zur WM realisiert worden. Die Verbindlichkeiten sollen jährlich an einem gemeinsamen Wochenende hinterfragt, allenfalls geändert und bewusst neu bejaht werden können. Zusammen mit den Bewohnern und Bewohnerinnen des angrenzenden Pfarrhauses zählen sich zurzeit fünfzehn Personen zur Casappella. Viele andere, die nicht hier wohnen, tragen mit.

Schwerer und schöner Anfang

Im April 2009 zogen zwei Familien ein. Im Laufe des Sommers füllte sich die dritte Wohnung mit einer gemischten Wohngemeinschaft. Eine Familie öffnete ein Zimmer für einen jungen Mann, der Anschluss und Halt findet. Der Einzug ist aber verfrüht. Das Wohnen auf einem veritablen Bauplatz gestaltete sich als aufreibende Überlebensübung. Trotzdem haben die Bewohner im Sommer 2009 tatkräftig mitgeholfen bei der Eröffnung, die wegen der beschränkten Platzzahl (maximal fünfzig Plätze in der Kapelle) mit fünfzehn Anlässen stattfindet: Einmal gilt die Einladung besonders den Nachbarn, dann den Behörden, Liebespaaren, Grosseltern und Kindern, den hier Werktätigen oder den Heilung Suchenden. Es wird öffentlich und persönlich eingeladen mit bewusster Offenheit für alle Konfessionen und Religionen. Fünfzehnmal füllt sich die Kapelle mit Menschen, die den Ort nicht nur «besichtigen» sondern erleben. Die meisten nehmen in buchstäblich «berührenden Begegnungen» einen persönlichen Segen in Anspruch. Diakonie heisst hier seelsorgerlicher Dienst und Ermutigung für den Alltag.

Die Verkündigung geschieht durch die Cappella selbst. Feine Hinweise auf die «ausgestreckten Arme des Kreuzes», auf den «geheimnisvollen Lichteinfall von oben» auf die «Mitte des Tisches», der Gemeinschaft stiftet, genügen vollauf.

Kraftort?

Die Wegkapelle steht den ganzen Tag offen und wird fast täglich von Gästen aufgesucht. Davon zeugen angezündete Kerzen und Einträge im Gebetsbuch. Anwohner bringen Freunde hierher. Der Pfarrer schliesst ein Seelsorgegespräch, das im Pfarrhaus geführt wurde, mit einer kleinen Segenshandlung in der Cappella ab und stellt fest, dass die betreffenden Leute, diesen Ort später selbständig wieder aufsuchen. Die Casappella wurde schon vermehrt als «Kraftort» bezeichnet. Der Schreibende glaubt nicht an die Existenz solcher Orte per se, ist aber überzeugt, dass die Kraft einer betenden Gemeinschaft nicht hoch genug eingeschätzt werden kann.

Die Gottesdienste am Sonntagabend werden meistens von 30 bis 40 Leuten besucht. Es kommen auffallend viele jüngere Leute. Das liegt sicher an der hier präsenten jungen Hausgemeinschaft und ihrer regelmässigen Mitwirkung. Die versammelte Gemeinde stammt nicht nur aus Worblaufen. Wie erwartet, kommen Leute aus ganz Ittigen und aus Nachbargemeinden, wohl wegen des Zeitpunkts des Gottesdienstes, wegen seines Charakters, wegen des dynamischen Miteinanders von Pfarrteam und Mitwirkenden. Auch Menschen aus andern Kulturkreisen besuchen die Gottesdienste gelegentlich, Hindus und Muslime.

Ökumenische Vespern sind geschätzt auch als Brücke zur Pfarrei Heiligkreuz Bern. (Die Katholiken von Worblaufen gehören zu Bern und nicht zu Ittigen.) Familiäre Trauerfeiern, etwa für totgeborene Zwillinge, Geburtstagsfeiern und Hochzeitsjubiläen finden hier einen ansprechenden Rahmen.

Dem Ganzen dienen

Seit der Abschaffung der Klöster in der Reformationszeit stehen gemeinschaftsbildende Projekte im Protestantismus zu Recht unter einem gewissen Legitimationsdruck. Christen, die sich verbindlicher als andere zu Gemeinschaft verpflichten, müssen ständig zeigen, dass sie nicht «Kirchlein in der Kirche» (Ph. J. Spener) und auch nicht «besser sein» wollen, dass sie auch keinen besonderen «Stand» oder «Status» beanspruchen, sondern als Gemeinschaft dem Ganzen dienen wollen und können. Die Casappella stand schon in der Planungsphase unter diesem protestantischen Legitimationsdruck. Darum hat die Kirchgemeinde von Anfang an die Hausgemeinschaft nicht nur über persönliche Kontakte mit Behörden und Angestellten, sondern auch strukturell eingebunden.

Eine dem Kirchgemeinderat unterstellte Hauskommission schliesst die Mietverträge ab und bestimmt, wer hier wohnen kann. Sie begleitet wohlwollend kritisch die Aktivitäten der Hausgemeinschaft, nimmt, wo nötig, Einfluss und dient allenfalls als Schlichtungsstelle. Auch wenn die hier Wohnenden grundsätzlich ihre (schliesslich ehrenamtlichen!) Verbindlichkeiten selber regeln können, hat die Kirchgemeinde doch Eckpfeiler gesetzt: Die Zugehörigkeit zur Kirchgemeinde zeigt sich durch aktives Mittragen und Mitgestalten im Gottesdienst am Sonntagabend. Das bindet alle ein in einen Liturgie- und Trägerkreis in einem Kernbereich der Gemeindearbeit. Es verpflichtet zum Teamwork mit dem gesamten Pfarrteam. Zusätzlich soll die Hausgemeinschaft zweimal jährlich einen Quartier-Anlass durchführen. (Beispiele s. o., «Verbindlichkeit gegen Vereinzelung», 80).

Erste Erfahrungen zeigen, dass die Bereitschaft, sich zu vernetzen, weit über die expliziten Erwartungen der Kirchgemeinde hinausgeht: Einige wirken mit bei Projekten in Worblaufen und Ittigen, in der Jugendarbeit, in Kommissionen. Es herrscht ein lockerer Austausch z. B. mit «Don Camillo» in Montmirail, oder mit der theologischen Fakultät. Dadurch wird die Casappella ein «Baustein» im Ganzen und ein Stück weit «Kirche für andere». Es sind noch viele Brücken zu bauen. Zu den Quartieren, zu den Menschen, denen die «fast zu schöne» Kapelle noch fremd geblieben ist. So bleibt die Casappella auf jeden Fall eine Baustelle.

Communität El Roi,
Evangelisches Stadtkloster Basel

Sr. Ruth Sutter und Mitschwestern

Haus der Stille und des Gebets

Wir sind eine kleine Schwesternschaft innerhalb der reformierten Kirche mit gegenwärtig vier Schwestern, die mitten in der Stadt Basel ein «Haus der Stille» führen. Der hebräische Gottesname El Roi bedeutet: *Der Gott, der mich sieht* (1Mose 16,13). Von der Zusage, dass Gott mir ein Ansehen gibt, mich mit seinen Augen leitet und mir in Jesus Christus nahe gekommen ist, leben wir. Und dies bezeugen wir durch unser gemeinsames Leben und unsere Verfügbarkeit.

Communität

Unsere Lebensform nach den drei evangelischen Räten weist zeichenhaft hin auf die Realität des kommenden Gottesreiches. Die Regel von Taizé ist uns Leitlinie. Seit 1988 leben und arbeiten wir als Kommunität am Klingentalgraben 35 in Kleinbasel. Wir wissen uns der Reformierten Kirche Basel-Stadt zugehörig, sind aber eine finanziell von ihr unabhängige selbständige Gemeinschaft.

Präsenz

Unsere Aufgabe ist primär das Präsent-Sein für Gott und Menschen (Gebetsdienst und Gastfreundschaft). Im gemieteten Jugendstilhaus mit fünf Gästezimmern bieten wir einen Ort der Stille, der Begegnung und des Gebets an. Wir laden Frauen und Männer ein, die sich für einen oder mehrere Tage aus der Hektik des Alltags zurückziehen möchten, um sich neu auszurichten in der Beziehung zu Gott, zu sich selbst und zum Nächsten. In den vier Gebetszeiten hören wir auf Gottes Wort, lassen uns rufen zum Lobpreis und zur Fürbitte. Gemeinsam mit Christen aus verschiedenen Denominationen beten wir für die Einheit und Erneuerung des ganzen Volkes Gottes. Wir bieten auch geistliche Begleitung und seelsorgerliche Gespräche an. Daneben laden wir ein zu Angeboten wie Oasentagen, Exerzitien und Glaubenskursen.

Unser Verhältnis zur reformierten Ortsgemeinde und Gesamtkirche Basel-Stadt

Im Rückblick

Als wir als Kommunität eine Lokalität für ein Haus der Stille in der Stadt suchten, stiessen wir mitten in Kleinbasel auf eine Liegenschaft, an einem der am dichtesten besiedelten Orte der Schweiz. Ein ungewöhnlicher Platz für ein Haus der Stille! In der Kirchgemeinde St. Matthäus wurden wir offen und wohlwollend empfangen, was uns positiv überraschte. Dabei merkten wir, dass in der Gemeinde und in der Gesamtkirche ein «kommunitärer Boden» bereits vorhanden war.

Schon 1972 hatte der damalige Kirchenratspräsident Pfr. Peter Rotach eine Gruppe der Christusträger-Communität von Deutschland nach Basel geholt. Vier Brüder lebten bis 1986 im Pfarrhaus bei der Matthäuskirche und hielten ihre Tagzeitengebete und eine wöchentliche Abendmahlsfeier in der Kapelle der Matthäuskirche. Sie prägten mit ihrem Zeugnis die Kirchenlandschaft jener Jahre, und so entstanden die Kommunitäten Don Camillo und Steppenblüte. Für einige Jahre lebte auch eine kleine Zelle des Diakonissenhauses Riehen im Matthäusquartier, bevor wir uns 1988 hier niederliessen. Pfarrer Theophil Schubert, Kirchenratspräsident von 1982–1992, wünschte sich gar, dass es in jedem Quartier der Stadt eine Kommunität gäbe! 1995 schrieb er: «Communitäten haben in Basel den Kontakt mit der Kirche gesucht, ja sie sind durch die Kirchenleitungen berufen, gefördert und gestärkt worden. Dass man hier keine Angst vor dieser Form des Christseins hatte und hat, ist wohl das bedeutendste Merkmal.»[1]

Unsere Schwesterngemeinschaft wurde von der Kirchgemeinde nicht als ein Fremdkörper empfunden, sondern als eine Weiterführung dieser Form von christlicher Nachfolge. Für unsern Start als Kommunität war das eine Ermutigung und Bestätigung. Pfr. Theophil Schubert war es auch, der an der Gründungsfeier und am ersten Abendmahlsgottesdienst in unserer Hauskapelle uns Schwestern den Segen gab für unsere Berufung und uns fortan begleitend zur Seite stand. Es wäre wünschenswert, wenn unsere Kirche – wie z. B. die EKD – für die evangelischen Gemeinschaften in der Schweiz eine offizielle Begleitperson beauftragen würde.

Gebet und Abendmahl

Seit 22 Jahren beten wir die vier öffentlichen Stundengebete. Um diese regelmässige Gebetspräsenz gruppiert sich alles andere. Wem das Gebet wichtig ist, der hat hier einen verlässlichen Ort der Sammlung vor Gott im Alltag. Jeden Donnerstagabend feiern wir einen Abendmahlgottesdienst. Diese in der reformierten Kirche noch unübliche Praxis des wöchentlichen Abendmahls ist für viele Städter zur Kraftquelle geworden. Für die Leitung der Feier fragen wir vor allem Pfarrpersonen aus der Basler Kirche an. So ergeben sich Beziehungen zu Kirchgemeinden und Spezialpfarrämtern.

---

1 Felix Tschudi (Hg.), Eine Kirche sucht ihren Weg. Basel 1995, vgl. den Beitrag von Theophil Schubert. Das Aufblühen christlicher Communitäten, 148.

Am Sonntag verzichten wir – bis jetzt – auf unsere Gebetszeiten zugunsten der Gottesdienste in der Quartierkirche. In
den ersten Jahren bestand ein reges Gemeindeleben, in das
wir uns einbrachten. So zum Beispiel beim Aufbau der neuen
Ausländerarbeit Mitenand und bei dem dazugehörigen Gottesdienst des damaligen Gemeindepfarrers. Die langjährige
Gemeindehelferin schloss sich ein Jahr nach unserem Beginn
der Kommunität an. Sie arbeitete daneben noch weitere fünf
Jahre in der Gemeinde. Dadurch ergaben sich ganz natürlich
viele Verbindungen zum Gemeindeleben mit gegenseitiger Bereicherung. Dazu trägt jetzt auch unsere junge Schwester bei,
die ordinierte Pfarrerin der Basler Kirche ist.

«Wir verstehen uns in unsern Gemeinschaften als Glieder am Leib
Christi und haben unseren Ort in der verfassten Kirche. In ihr suchen
wir einen anerkannten Freiraum – in der Kirche, mit der Kirche, und
im fruchtbaren Gegenüber zu ihr.»[2]

Zur Gegenwart

In den letzten Jahren hat sich die Kirchenlandschaft sehr verändert. Weil die reformierten Kirchgemeinden stark von den
jeweiligen Pfarrpersonen am Ort geprägt sind, bringt ein Wechsel positive oder negative Veränderungen mit sich. In Kleinbasel
sind unterdessen die vier Gemeinden mit je einer eigenen Kirche
zu *einer* Kirchgemeinde zusammengelegt worden. Am Sonntag findet nicht mehr in jeder Kirche ein Gottesdienst statt. Es
leben weniger Reformierte in diesem Stadtteil, dafür viel mehr
Menschen aus anderen Nationen, Kulturen und Religionen
(Ausländeranteil über 50 Prozent). Für die christliche Gemeinde
hat das nie dagewesene Herausforderungen und Möglichkeiten
zur Folge. So begleiten wir zurzeit das neu entstandene Projekt
«Sonntagszimmer» der Basler Kirche in der Matthäuskirche.

2 Selbstverständnis der Evangelischen Kommunitäten in Bayern. 1991, in:
   Johannes Halkenhäuser, Kommunitäten und Kirche. Schwanbergreihe 19,
   1993.

Wie können die Kirchenräume künftig noch auf andere Weise mit geistlichem Leben erfüllt werden? Diese Frage bewegt unsere Kommunität. Sie stand auch hinter dem Anliegen eines Mittagsgebetes im Münster. Wir wünschten uns, dass in dieser Stadtkirche, die werktags offen ist und Touristen anzieht, zu Besinnung und Gebet eingeladen wird. Wir gelangten mit der Bitte an die Münsterpfarrer und bekamen nach längerer Wartezeit grünes Licht. Wir fragten die anderen evangelischen Schwestern-Gemeinschaften im Raum Basel – Riehen, St. Chrischona, Bethesda und Ländli – zur Mithilfe an. Alle sagten zu, und 2003 begannen wir mit dem Dienstag-Mittagsgebet. Daraus ist ein gemeinsames Zeugnis mit vertieften Beziehungen untereinander erwachsen. Inzwischen gibt es ausser freitags an jedem Tag der Woche eine Mittagsgebetszeit im Münster.

Der Wandel der parochial strukturierten Volkskirche bringt es mit sich, dass andere Formen von «Leib Christi» an Bedeutung gewinnen. «Kommunitäten sind nicht nur ein alternatives Modell zur volkskirchlichen Parochie, sondern als eigengestaltete Ausprägung des Kircheseins (Taizé: ‹Mikrokosmos der Kirche›) gleichzeitig ein Beitrag zur Erneuerung der Kirche.»[3]

So verstehen wir das Evangelische Stadtkloster als einen Ort, wo christliche Gemeinde ganzheitlich gelebt wird, wo das, woran man glaubt, was man liebt und was einem wichtig ist, ein Gesicht bekommt, in der gegenseitigen Bezogenheit von *leiturgia, diakonia, martyria* und *koinonia*.

Zur Zukunft

Die säkulare Welt braucht Orte, wo die Botschaft des Evangeliums gelebt und gedeutet wird, wo die Präsenz des Heute Gottes

---

3 A.a.O.

in Zellen von geistlichen Gemeinschaften erfahrbar wird. So aktualisiert zum Beispiel eine zölibatär lebende Kommunität durch die drei evangelischen Räte herausfordernde Wahrheiten zum Umgang mit Macht, Sexualität und Besitz.

«Dabei sind Kommunitäten keine heile Welt, keine konflikt- und spannungsfreien Sonderbereiche. Wo kommunitäres Leben gelingt und durchgehalten wird, ist es ein Zeichen der Barmherzigkeit Gottes. Das Herz jeder Gemeinschaft ist die gegenseitige Offenheit und Vergebung.»[4]

Kommunitäten haben keine fertigen Antworten auf Fragen unserer Zeit. Vielleicht ist es gerade auch die Chance kleiner evangelischer Gemeinschaften ohne allzu feste Traditionen und Strukturen, auf Bedürfnisse unserer Zeit beweglich und verfügbar reagieren zu können, ohne die Stabilitas der eigenen Berufung aufzugeben.

Wünsche und Fragen an die Kirchenleitungen

- Gibt es auf Kirchenbundebene die Möglichkeit einer Ansprechperson für die Kommunitäten, die auch ihrerseits die Begegnung mit ihnen sucht?
- Wie könnte in der Kirche das Verständnis für den Auftrag der Kommunitäten vertieft und fruchtbar gemacht werden? Könnte z. B. ihr Gebetsauftrag angesichts der immer weniger gebrauchten Kirchengebäude mehr genutzt werden?
- Wie führt die Anerkennung der Kommunitäten durch die Kirchenleitung zu einer gegenseitig bereichernden Ergänzung von Kirchgemeinde und Kommunität?

---

4 Selbstverständnis der Evangelischen Kommunitäten in Bayern (Anm. 2).

Ministère à la Montagne de prière de la Communauté des diaconesses de Saint-Loup

Sœur Elisabeth

En 1977, la direction de la Communauté des diaconesses relève le défi et répond à l'appel d'ouvrir une Maison d'Accueil à Saint-Loup. Il s'agit d'une œuvre pionnière qui s'inscrit dans la suite de la vocation de la Communauté : le soin aux malades et la prière. Ce sont les âmes et les cœurs qui trouveront écoute et compassion, prière pour la guérison, la libération.

Rallumer la lumière

Ce projet est le fruit d'une fécondation par l'Esprit des cœurs disponibles et priants. « *C'est la parole de Dieu qui crée et si nous la recevons et la prions, il l'accomplit.* » Au temps donné, ce ministère de compassion et de guérison exercé sur le plateau de Saint-Loup depuis l'origine de la Communauté, entra dans une nouvelle saison. Sœur Elisabeth est désignée pour ouvrir la Maison d'Accueil, très vite rejointe par Sœur Hedy, qui portait ce projet dans la prière.

La Communauté elle-même est née d'une parole fécondée ; c'est au début du 19ème siècle que le pasteur Henry Juvet donnait cette prophétie à son ami Louis Germond, fondateur de la Communauté de Saint-Loup : « Dieu aura pitié de ce coin de terre (...) La lumière qui jadis brilla ici se rallumera (...) elle luira dans les ténèbres. Cette maison où l'on s'amuse aujourd'hui deviendra une maison de prière (…) Je ne le verrai pas, mais toi, Louis, tu le verras ! »

Une Maison d'Accueil

Situé dans ce lieu consacré à la prière dès le 4ème siècle, la Maison d'Accueil offre la possibilité à ses visiteurs d'être ressourcés afin de retourner dans la plaine et partager les bienfaits du Seigneur. « Le temps que vit l'Eglise actuellement ressemble à une traversée de désert ; ici à Saint-Loup nous faisons halte dans une oasis ou l'eau est abondante. Dieu nous appelle à remplir nos récipients et aller répandre cette eau dans les lieux ou nous allons retourner ; Dieu nous donne l'eau vive qui fera refleurir la terre. »

Ce témoignage d'un participant à une rencontre illustre bien ce que nous désirons offrir : un lieu où, par la seule grâce de Dieu, l'eau vive de la Parole et de l'Esprit-Saint est partagée. Nous engageons nos vies à les dispenser largement à tous ceux qui nous visitent, l'espace d'un entretien, d'un séjour, d'une retraite ou d'un séminaire. Beaucoup de nos hôtes disent qu'ils se trouvent ici « à la maison », quand bien même ils viennent de toutes les familles d'Eglise. C'est une respiration permanente, un mouvement de l'Esprit Saint.

Communauté – Vocation confirmée

L'origine de ce rayonnement se situe certainement dans le fait que dès le début de la vie communautaire, les diaconesses sont venues de tous les horizons protestants de Romandie.

Selon la parole donnée à l'époque des Journées de prière qui ont précédé l'ouverture de la Maison d'Accueil « *j'ai ouvert devant vous une porte que personne ne pourra fermer* », le ministère de la Maison d'Accueil évolue petit à petit vers la pensée de la Montagne de Prière. Cette pensée reçue en 1990 et confirmée par la suite repose sur le texte que nous lisons dans Esaïe 56.6-7 « Je les ferai venir à ma sainte montagne, je les ferai jubiler dans la maison où l'on prie (…) car ma maison sera appelée : maison de prière pour tous les peuples. »

Le ministère de la Maison d'Accueil s'inscrit également dans la vocation que la Communauté reçu jadis: être cette lumière qui rayonne dans toute la région.

Un cœur de compassion

En 1995, avec l'arrivée de Philippe et Nancy Decorvet, la Maison d'Accueil débute les Journées pour femmes, ce qui conduit tout naturellement au mouvement des Bergères de Saint-Loup. Aujourd'hui ce sont une centaine de femmes qui rayonnent dans toute la Suisse romande, manifestant un cœur de compassion pour son prochain et un engagement dans la famille, l'église et la société.

C'est ainsi que dès l'automne 1997 débute la première année avec des enseignements sur un thème donné. Le but de ces cycles pour les participantes est d'établir un lien étroit entre l'étude de la Parole de Dieu, la vie pratique, le témoignage et le ministère ; un lieu de communion fraternelle, de grâce et d'encouragement. Des temps de partage et de prière les uns pour les autres jalonnent ces journées.

Le Mouvement des Bergères trouve ainsi un lieu d'ancrage au sein de la Communauté de Saint-Loup, lieu d'appel et de consécration.

Les Bergères de Saint-Loup

Le Mouvement des Bergères de Saint-Loup comprend une centaine de femmes provenant de toutes les régions de Suisse romande et de France voisine et de toutes les familles d'Eglise.

Une structure mise en place ces dernières années permet aux Bergères de se retrouver régulièrement par petits groupes répartis dans 12 régions de Romandie. La communication entre les groupes et avec Saint-Loup est assurée par une coordinatrice. C'est ainsi que selon les besoins, une chaîne de prière peut être très rapidement lancée et permettre à une centaine de femmes d'intercéder unies dans un même Amour.

Le Mouvement des Bergères permet de
- recevoir une formation biblique, spirituelle et pratique afin que la vie et le service des Bergères soient fondés et enracinés dans la Parole de Dieu et sur les valeurs du Royaume de Dieu.
- favoriser la croissance spirituelle.
- vivre des temps de communion fraternelle, de partage et d'encouragement dans la diversité des ministères.
- vivre l'unité par l'appartenance des Bergères aux différentes familles d'Eglise ainsi représentées.
- partager les richesses de la complémentarité.
- trouver un lieu d'ancrage dans la Communauté des diaconesses et son ministère à la Montagne de prière.

Pour qui ?
- Ce mouvement est à l'intention de toute femme engagée
- dans la foi et désireuse de mettre ses dons et ses charismes au service de son église et du Corps de Christ.

Pour quoi ?
- manifester le mieux possible la compassion de Jésus.
- être au service des Eglises et des Communautés.
- renforcer le désir et la persévérance dans la prière.
- vivre l'Alliance avec Dieu et les hommes.

Comment ?
- 6 rencontres plénières d'une journée, les mardis de 9h00 à 16h00, d'octobre à mars.
- 1 week-end par année au printemps, clôture de l'année.
- Des rencontres régionales offrant un soutien dans la prière et le ministère.

Par qui ?
- Thierry et Monique Juvet, Philippe et Nancy Decorvet, les Sœurs et collaboratrices de la Montagne de prière.
Dans le dossier d'inscription nous posons la question suivante :
- Les responsables de votre église sont-ils au courant que vous souhaitez participer au Mouvement des Bergères ?
- Veuillez inclure une lettre de recommandation d'un responsable spirituel.
- Si cela n'est pas possible, veuillez expliquer pourquoi :

Ministère à la Montagne de Prière

En 2003, avec l'arrivée de Thierry et Monique Juvet, le souci du Corps de Christ se concrétise par l'accueil régulier de serviteurs et de servantes de Dieu qui trouvent à la Montagne de prière aide et accompagnement. La relation d'aide, le conseil conjugal, la supervision et le coaching adaptés au ministère est une des priorités.

Les pasteurs et les responsables portent souvent de lourds fardeaux seuls. Leurs conjoints en souffrent parfois avec eux et par répercussion. Ils ne savent pas toujours où s'adresser en cas de besoin.

Saint-Loup offre un cadre hors des églises et œuvres qui garantit la confidentialité. Nos prestations peuvent se vivre soit lors de séjours, soit lors de rendez-vous espacés, à la Maison d'Accueil de Saint-Loup.

Les églises et les oeuvres traversent aussi des changements et des crises. Elles mènent des réflexions diverses. Pour cela il est souvent utile de bénéficier d'un accompagnement qui amène à la fois un regard extérieur, des conseils et un recul face à la situation.

Valeurs du Royaume de Dieu

Nos valeurs qui concernent l'Eglise :

L'Eglise de Jésus Christ rassemble les chrétiens de toutes confessions. Si elle a été souvent creuset de division, elle est néanmoins le lieu de la communion et de l'apprentissage de l'amour et du pardon ; la soumission mutuelle et l'accueil de chacun en est la prérogative principale ; elle est le corps par lequel le Christ évangélise et agit dans le monde ; elle est aussi un peuple rassemblé dans la louange et l'adoration. En son sein émergent des ministères pour son édification. C'est en elle que les hommes naissent à la vie nouvelle et grandissent dans la foi. Prendre soin de l'église, c'est prendre soin de ses membres et aussi de ses ministres.

L'avenir s'inscrit clairement dans la vocation de ce lieu, telle que le pasteur Henry Juvet la recevait au début du 19ème siècle ainsi que la mission de la Communauté des diaconesses. Aujourd'hui nous avons à cœur, dans un esprit de service et de prière, de vivre et de transmettre les valeurs du Royaume de Dieu auprès du Corps de Christ, particulièrement en Suisse romande

Esaïe 2.3 : « Venez et montons à la maison de l'Eternel, à la maison du Dieu de Jacob, afin qu'il nous enseigne ses voies, et que nous marchions dans ses sentiers. »

Ensemble Riehen
Gemeinschaftliches Leben – ein Thema mit Zukunft

Thomas Widmer-Huber

Diakonische Hausgemeinschaften und Gemeinschaftshaus Moosrain in Riehen

In der Gemeinschaft Ensemble in Riehen/BS, welche meine Frau Irene (Gemeindediakonin/Traumacoach) und ich leiten, leben wir mit Frauen und Männern zusammen, die in Ausbildung *oder* Beruf stehen und gemeinschaftlich leben wollen. In eine tragfähige Gemeinschaft integrieren wir einzelne Personen mit psychischen Einschränkungen: Wir kochen füreinander, essen miteinander, teilen Freud und Leid, bieten unter der Woche Gebetszeiten und am Freitagabend einen Hausgottesdienst an, zu dem auch Freunde und Interessierte aus dem Quartier und dem Dorf eingeladen sind. Wir lassen uns von Jesus und seinem Jüngerkreis inspirieren. Die Urgemeinde in Jerusalem lebte offensichtlich gemeinschaftlich, die Gläubigen trafen sich nicht nur im Tempel, sondern auch in den Häusern.

Wir gehören zu den Diakonischen Hausgemeinschaften des Vereins Offene Tür, in denen zurzeit 45 Personen in vier Häusern zusammenleben. Ein fünftes Haus ist im Werden. Ebenfalls in der Aufbauphase ist das Gemeinschaftshaus Moosrain Riehen mit 13 Wohnungen und diversen Gemeinschaftsräumen, getragen von der Glaubens-, Lebens- und Dienstgemeinschaft Moosrain, in baurechtlicher und geistlicher Verbindung mit der Kommunität Diakonissenhaus Riehen sowie in Partnerschaft mit der Offenen Tür.

In all diesen Häusern bieten wir Wohn- und Lebensraum an, um gemeinsames Leben zu ermöglichen, und fördern die gegenseitige Unterstützung in der Nachfolge Jesu und ein mündiges Christsein. Im Rahmen von stabilen integrativen Gemeinschaften fördern wir einzelne Menschen mit psychischen Einschränkungen, damit sie stärkere Persönlichkeiten werden und sich mit ihren Gaben im Sinne von Epheser 4,16 «nach dem Mass ihrer Kraft» in die Gemeinschaft, in die Kirche und generell in die Gesellschaft einbringen. Wir sind übergemeindlich ausgerichtet und als Offene Tür im Vorstand der lokalen Evangelischen Allianz vertreten, zugleich haben wir auf verschiedenen Ebenen enge Verbindungen mit der Reformierten Kirche.

Mit der Kirche verbunden

Der Verein Offene Tür ist 1954 vom Ehepaar Richard und Rahel Sallmann gegründet worden. Ihre Tochter Rosemarie Tramèr-Sallmann, langjährige Vize-Präsidentin des Vereins, gehörte viele Jahre der Basler Kirchensynode an. Aktuell hat sich ein Mitglied des Kirchenvorstandes von Riehen-Bettingen in den Vorstand der Offenen Tür wählen lassen. Die Verbindung mit der Reformierten Kirche findet ihren Ausdruck auch darin, dass der Advents-Bazar jeweils in deren Räumlichkeiten stattfindet und unser christlicher Jugendtreff Go-In mit der kirchlichen Jugendarbeit vernetzt ist.

Als Gemeinschaft Ensemble beteiligen wir uns regelmässig im ersten Teil des Kirchgemeinde-Gottesdienstes, gestaltet von unterschiedlichen Mitarbeitergruppen, und ab und zu im monatlich stattfindenden Lobgottesdienst. Dabei legen wir unseren Schwerpunkt auf das Musizieren und Singen zur Anbetung Gottes. Wir freuen uns über die Rückmeldungen. Auch wenn neben uns als Familie nur wenige Mitglieder unserer überkonfessionellen Gemeinschaft zur reformierten Kirche gehören, haben wir unseren festen Platz und damit auch die Möglichkeit, in der Gemeindekreis-Versammlung zu berichten. Von der Seite des Pfarrerehepaars spüren wir viel Wohlwollen für unsere Arbeit. Immer wieder erkundigen sich Pfarrpersonen und sozialdiakonische Mitarbeiterinnen nach einem Zimmer oder einer Wohnung in einer der Diakonischen Hausgemeinschaften und wir erhalten Besuch von Konfirmandenklassen aus der Region.

Die Leiter der vier Diakonischen Hausgemeinschaften haben sich im Lauf der Jahre viel Erfahrung und Kompetenzen erworben. Wir bringen diese im kirchlichen Raum ein, etwa bei den Themen Gemeinschaft, Diakonie, Spiritualität, Gastfreundschaft, Integration von Menschen mit Einschränkungen, Seelsorge und Konfliktbewältigung. Wir sind dankbar für die Kollekte, die wir jährlich von der Kantonalkirche erhalten. Sie ist eine Gelegenheit, auf den diakonischen Beitrag der Offenen Tür aufmerksam zu machen.

Aufbruch zu neuen Formen von Gemeinschaft

Mit der «Fachstelle Gemeinschaftliches Leben», ebenfalls unter dem Dach der Offenen Tür, fördern wir nicht nur lokal und regional den Aufbau von neuen christlichen Gemeinschaften und deren Vernetzung, sondern haben den ganzen deutschen Sprachraum im Blickfeld. Wir bieten Beratungen, Vorträge, Seminare und diverse Publikationen an.[1]

Ich wünsche, dass das «Gemeinsam Leben» ein Thema der Kirchen bleibt. Vor 30 Jahren gab es in der Basler Kirche einen geistlichen Aufbruch, der unter anderem zur Entstehung der Kommunitäten Don Camillo und Steppenblüte führte sowie zur gemeinschaftlich orientierten Alban-Arbeit. Die freikirchliche Evangelische Gemeinde Basel EGB bestand

---

1   Vgl. Astrid Eichler, Thomas und Irene Widmer-Huber, Es gibt was Anderes. Gemeinschaftliches Leben für Singles und Familien. Witten 2010.

in den Anfängen im Kern aus mehreren dynamischen Wohngemeinschaften.

Vor rund zehn Jahren entstand die Plattform commonlife.ch, welche einen Einblick gibt in christliche Lebensformen. Gleichzeitig wird in den Kirchen der Einfluss der «postmodernen Beliebigkeit» wahrnehmbar. Die Individualisierung der Gesellschaft nimmt zu und damit auch der Anteil von Single-Haushalten, insbesondere in den Städten.

Im Blick auf die erwähnte Aufbruchbewegung geht es nicht darum, dass wir etwas zu kopieren versuchen, aber wir können uns inspirieren lassen. Ich erhoffe mir in den Kirchen einen neuen Aufbruch zur Gemeinschaft. Werden die Verantwortlichen in Kirchenvorstand, Synode und Kirchenrat entsprechende Initiativen unterstützen? An manchen Orten geschieht dies bereits.

Durch Beratungen und Vorträge in Kirchgemeinden lerne ich häufig Menschen kennen, die sich auf den Weg gemacht haben. Zum Teil sind es Ehepaare, die – nachdem die Kinder ausgezogen sind – sich überlegen, wie sie in der nächsten Lebensphase leben wollen. Sie lassen ihr Haus oder ihre Wohnung zurück und ziehen in ein grösseres Haus. Oder es handelt sich um Ehepaare mit kleinen Kindern, die sich mit anderen zusammentun. Manche Singles fragen sich, ob und wie sie mit anderen zusammen alt werden wollen.

Neben Häusern mit Wohngemeinschaften für junge Menschen entstehen in unserer Zeit Alterssiedlungen, Wohngenossenschaften, Generationenhäuser und gemeinschaftlich geprägte Mehrfamilienhäuser. Ich wünsche mir, dass sich in unseren Gemeinden vermehrt Interessengruppen bilden, die nach neuen Formen gemeinsamen Lebens suchen. Neue Gemeinschaftsmodelle bergen das Potenzial, Menschen mit Schwierigkeiten und Einschränkungen zu integrieren, und haben damit eine diakonische Dimension (etwa durch regelmässige Tischgemeinschaft oder geistliche oder freizeitliche Angebote). Gleichzeitig haben Haus- und Wohngemeinschaften ihre Grenzen. Sie können nicht alle mitleben lassen, die dies möchten.

Gegenüber freikirchlichen Gemeinden mit einem grossen Einzugsgebiet haben Volkskirchen den Vorteil, dass sie lokal verankert sind, mitten im Dorf oder im Stadtquartier. Es gibt spontane Begegnungen unterwegs, und zum nächsten Gemeinschaftstreffen ist es bloss ein Fuss- oder kurzer Veloweg.

Wenn in einigen Städten die Zahl der Gottesdienstorte abnimmt, kann man dennoch in den Quartieren den Aufbau von Hausgemeinschaften und anderen Orten der Gemeinschaft fördern. Daneben können sich Christen im Quartier – auch ohne gemeinsames Wohnen – miteinander verbünden und sich gemeinsam auf den Weg machen. Solche Initiativen bergen ein missionarisches Potenzial. Auch in kleinen Dörfern, in denen nicht jeden Sonntag Gottesdienste stattfinden, können sich Christen bewusst in Kleingruppen und Arbeitskreisen treffen – oder auch regelmässig zum Kaffee, Zvieri oder Brunch, verbunden mit Gebet und dem Gespräch, wie sie sich gemeinsam für ihr Dorf einbringen wollen. Wünschbar wäre eine Tagung, welche das Thema aufnimmt und Impulse vermittelt. Die fortschreitende Individualisierung unserer Gesellschaft lässt eine der Kernkompetenzen der Kirche neu aufleuchten: den Aufbau von Gemeinschaft mit Christus im Zentrum. Gemeinschaftliches Leben ist ein Thema mit Zukunft!

Das Evangelische Gemeinschaftswerk EGW – eine Sammel- und Oppositionsbewegung in der Landeskirche und darüber hinaus

Christoph Vischer

Es ist gut evangelisch, einen Menschen nicht nach seiner Vergangenheit zu beurteilen, sondern nach der Zukunft, die sich ihm eröffnet. So kann man gemeinsam nach vorn schauen und Gott alles zutrauen. Um das Verhältnis des EGW zur Landeskirche zu verstehen, empfiehlt sich ein kurzer Blick in die Vergangenheit. Denn Gott hat mit dem EGW seit 1831 Geschichte geschrieben! Dabei hat er uns in eine Spur hineingestellt und uns ein Erbe anvertraut. Dazu einige Gedanken.

«Das Evangelische Gemeinschaftswerk versteht sich von seiner geschichtlichen Herkunft her als eigenständiges Gemeinschaftswerk innerhalb der Evangelisch-Reformierten Landeskirche» (EGW-Statuten, Art. 3). Früher gab es gelegentlich den Drang der Gemeinschaftsleute, sich in die Nischen Gleichgesinnter zurückzuziehen. Um ihrer missionarischen Verantwortung willen haben die Prediger damals nicht nachgegeben und so das geistliche Potenzial des EGW für die Gemeinde und für die gesamte Kirche lebendig erhalten.

Die Evangelische Gesellschaft (so der Name bei der Gründung 1831) begann als Sammelbewegung im vorwiegend reformierten Kanton Bern. «In der Kirche, wenn möglich mit der Kirche, aber nicht unter der Kirche»: Das Motto bringt zum Ausdruck, dass Opposition zur Kirche in der einen oder anderen Frage auch immer Teil der Bewegung war. Die Not mit dem geistlich-theologischen Zustand der Landeskirche war damals Anlass zum Engagement, nicht zum Austritt. Die Gründer wollten nicht trotz, sondern wegen des volkskirchlichen Charakters der Landeskirche in ihr bleiben und aktiv mitarbeiten. «Gottes Garten ist grösser als unser bescheidenes Beet» (Zinzendorf).

Aufeinander angewiesen

Die meisten Christen in der Landeskirche freuen sich am Gemüse aus diesem bescheidenen Beet. Die Gemeinschaftsleute gehören dazu. Nur wenige Reformierte sähen die «Frommen», «Pietisten», «Positiven» oder «Evangelikalen» am liebsten draussen. Dass sie den Gemeinschaftsgedanken im Leib Christi betonen, hat im Lauf der Jahre viel bewegt. Nicht nur die schöne Sitte des Kirchenkaffees ist den Pietisten zu verdanken, sondern vor allem die Selbstverständlichkeit, mit der in der Landeskirche grosse und kleine Gruppen von Christen zusammenkommen und Gemeinschaft pflegen, in Gesprächskreisen, Dienst- und Singgruppen, Gebetsversammlungen oder Gemeinderetraiten. Kürzlich benannte eine theologische Kommission der reformierten Kirche Basel-Stadt die Kernaufgaben der Kirche: «Verkündigung des Evangeliums, Diakonie und Gemeinschaft». Genau so steht es in den EGW-Statuten.

Schon früh haben besonnene Christen den Spruch geprägt: «Die Landeskirche braucht das EGW und das EGW braucht die Landeskirche.» Beide Seiten versprechen sich davon Gutes. Welche Vorteile für das Reich Gottes verspricht eine eher evangelikal ausgerichtete Bewegung innerhalb der Landeskirche? Das ist eine Frage, die zu viele Antworten für einen kurzen Artikel hat. Heinzpeter Hempelmann hat sie prägnant gefasst in: «Soll ‹Gnadau› in der Kirche bleiben? Gemeinschaftsbewegung und Evangelische Kirche – Was ist unser Auftrag?»[1]

---

1 Heinzpeter Hempelmann, Soll «Gnadau» in der Kirche bleiben? Gemeinschaftsbewegung und Evangelische Kirche – Was ist unser Auftrag? Liebenzell 1998.

Das EGW ist seit vielen Jahren ein geschätztes Bindeglied zwischen Freikirchen und der Landeskirche. Angesichts zentrifugaler Tendenzen in Gesellschaft und Kirche wollen wir «einer Zersplitterung des Leibes Christi wehren. Wir wollen füreinander sein. Nicht Separation, sondern Brückenfunktion scheint uns das Gebot der Stunde.» (Handbuch für MitarbeiterInnen des EGW, 2009) Allerdings können wir uns auch vorstellen, auf dem Weg über Gemeindegründungen der Ausbreitung des Reiches Gottes zu dienen. Wir haben keine Angst vor neuen Gestalten der Kirche.

Christen für den Herrn und seine Welt

Die Aufgaben des EGW: die Verkündigung des Evangeliums von Jesus Christus, die Pflege der Gemeinschaft, Diakonie und Innere Mission werden in Zukunft noch wichtiger werden. In unserer Gesellschaft werden Beziehungsformen wie Ehe und Familie relativiert; die Vereinsamung nimmt zu. Da gewinnen die kleinen Gruppen an Bedeutung, in denen man miteinander reden, leben und glauben kann. Wenn die Rede vom «nachchristlichen Zeitalter» selbst in der Kirche laut wird, dann braucht es in ihr Gruppen, die das Bewusstsein hochhalten, dass Jesus lebt, sein Reich baut und zu seinem Ziel kommen wird.

Pluralismus statt Pluralität verunsichert Menschen. Da braucht es Verkündiger, die zum Glauben an Jesus Christus einladen, und Gottesdienste, die «eine öffentliche Reizung zum Glauben und zum Christentum sind» (Martin Luther). Wir setzen Impulse durch volksmissionarische Tätigkeiten. Wir versuchen, persönliche und soziale Heiligung zusammenzuhalten.

«Herr, erwecke deine Kirche und fange bei mir an»

Das EGW wuchs zu seiner heutigen Grösse in den Jahrzehnten, als «die Stillen im Lande» sich auf abgelegenen Höfen in kleinen Gruppen zur «Stond» trafen. Man verstand diese damals eher als «Nachhilfe-Stond», welche den Sonntagsgottesdienst der Kirche ergänzte. Als sich im Sommer 2003 bei Familie Meier auf dem Oberrothenbühl im Heimisbach zum letzten Mal nach 100 Jahren (!) eine Schar Gemeinschaftsleute zu einer gottesdienstlichen Versammlung traf, da wussten Nachbarn im nächsten Tal noch immer nichts von diesem segensreichen Versammlungsort. Im Reich Gottes gilt eben das Gesetz des Weizenkorns. Auch in unsrer Zeit, da Christen mutiger Farbe bekennen und Flagge zeigen müssen als damals. Wir wollen uns nicht verstecken, aber es muss nicht immer laut sein. So versuchen wir als EGW am Ort zu wirken, an den wir hingestellt sind: leise, leidensbereit, leidenschaftlich. Ich glaube, dass unsere Zukunft hierin unserer Vergangenheit gleichen wird.

Vieles ist möglich in den sechsunddreissig Bezirken des EGW, wo mit Phantasie und Liebe gearbeitet wird. Mit einem von Gott geschenkten beherzten Geist und einem begeisterten Herzen, mit der Bibel in der Hand und dem Reich Gottes im Blick und umgeben von Geschwistern im Glauben. Nicht aus der Überzeugung heraus, besser, frömmer oder näher bei Jesus zu sein als andere. Nein, wir sehen Schuld zuerst bei uns selbst: Richtgeist, Undank gegen Gott und Menschen, schuldig gebliebene Liebe. Unser einziger Trost heisst Jesus Christus. Wir leben selbst am meisten von seiner Gnade und preisen und bezeugen sie darum.

In unserem Pfarrer-Brevier steht das schöne Gebet: «Herr, erwecke deine Kirche und fange bei mir an. Baue deine Gemeinde und fange bei mir an. Lass Frieden und Gottvertrauen überall auf Erden kommen und fange bei mir an. Bringe deine Liebe und Wahrheit zu allen Menschen und fange bei mir an.» Das will heissen, dass wir als EGW ergänzungsbedürftig sind und die Wahrheit nicht gepachtet haben. Wir brauchen einander und wollen uns nicht zu wichtig nehmen.

Evangelische Schwesternschaft Uznach
Offene Türen für den Saronsbund

Sr. Marianne Bernhard

Ein Bild der evangelischen Kirche Uznach mit offener Tür bringt es auf den Punkt: So erlebten wir als kleine evangelische Kommunität die Kirchgemeinde vor Ort, als wir 1982 in Uznach offiziell unser gemeinsames Leben begannen. Bis heute staunen wir, wie positiv sich die Kirchenvorsteherschaft und ebenso der Dekan, Pfarrer Samuel Kast, damals zu unserer Lebensform stellten. Fragen doch nicht jeden Tag einige Frauen an, ob sie in der Kirche anlässlich eines Gottesdienstes öffentlich ihr Versprechen ablegen und zum Schwesterndienst eingesegnet werden könnten! – Die Kirchgemeinde machte die Tür auf! Und diese Tatsache legte den Grund zu einem stetig wachsenden Vertrauensverhältnis zwischen Kirchgemeinde und Saronsbund.

Bestimmung, Name und Auftrag

In unserem Prospekt steht kurz und bündig: Glaubens-, Lebens- und Dienstgemeinschaft, auf den Grundlagen der Bibel und der sogenannten Evangelischen Räte – Ehelosigkeit, schlichter Lebensstil, mündiger Gehorsam. Saron ist der Name einer fruchtbaren Ebene in Israel, für uns das Bild eines fruchtbaren Lebens für Gott und die Menschen. Der Begriff Bund erinnert uns an die verbindliche Lebensform.

Unseren Auftrag sehen wir darin, am Haus der Kirche mitzubauen, konkret dort, wo wir leben. Für uns hier ist es die evangelische Kirchgemeinde Uznach und Umgebung. Punktuell geschieht das Mitbauen auch über deren Grenzen hinaus. Wir sehen uns als kleine Zelle oder Baustelle in der örtlichen Gemeinde, aber immer als Beitrag für die grosse «Baustelle Kirche», wo Christus der Baumeister ist. Praktisch heisst das: Wir setzen dies um durch unser Sein, Leben und Beten. Wir arbeiten als Angestellte oder freiwillig in der politischen Gemeinde, der örtlichen Kirchgemeinde, der Kantonalkirche und anderen Institutionen sowie in eigenen Dienstzweigen.

Auftrag «Baustelle Kirche» konkret

Zu unserer Gemeinschaft zählen sieben Schwestern, die jüngste ist vor vier Jahren eingetreten und noch im Noviziat. Aktuell stehen zwei Schwestern im Berufsleben, die eine als Krankenschwester bei der Spitex, die Novizin arbeitet unter Menschen «am Rande» in Zürich NetZ4, einem Zweig der EMK. Wir anderen leben im «tätigen» Ruhestand. Und da ergeben sich vielfältige Möglichkeiten, unserem Auftrag «Baustelle Kirche» zu sein, treu zu bleiben. Begleitung von Menschen in verschiedensten Situationen ist der eine Schwerpunkt, Angebote zur Vertiefung des geistlichen Lebens der andere. Seit das Asylgesetz schrittweise verschärft wurde, setzen sich einige Schwestern für Asylsuchende ein. Besonders versuchen wir, den Empfängerinnen von Nothilfe ein einigermassen erträgliches Leben zu ermöglichen, für sie da zu sein, als Menschen für Menschen!

Chancen des Miteinanders im Leben in und mit der Gemeinde

Da wir als Gemeinschaft zu klein sind, um eigene Gottesdienste zu feiern, ist es für uns selbstverständlich, dass wir am gottesdienstlichen Leben der Kirchgemeinde aktiv teilnehmen und die vielfältigen geistlichen und gemeinschaftlichen Angebote nutzen, mitgestalten oder selber welche anbieten. Dieses Ineinander und Miteinander ist typisch für den Lebensalltag des Saronsbundes. Einzelne Schwestern arbeiten in Projekten oder Gruppen mit, so in der Generationenkirche, der Seniorenarbeit, als Chorleiterin u. a.

Wir feiern beispielsweise von jeher alle Sarons-Feste als Gemeindetage. Ein Höhepunkt bildete die Jubiläumsfeier «25 Jahre Einsegnung» im Herbst 2007. Da luden nicht wir ein, sondern die Kirchgemeinde lud uns als Schwesterngemeinschaft samt allen unseren Gästen zu einem rundum schönen Fest ein.

Wenn die Gemeinde ein Jubiläum, eine Installation oder einen Abschied feiert, ist die Schwesterngemeinschaft ganz dabei, im Einsatz oder aktiv teilnehmend, je nach Neigung und Möglichkeiten.

Grenzen, Prioritäten und Gebet

Bis jetzt habe ich ausschliesslich von den Chancen des Miteinanders von Gemeinschaft und Gemeinde berichtet. Es gilt aber auch, Grenzen wahrzunehmen. Dabei handelt es sich nicht um Konfliktpunkte oder Konkurrenzdenken, sondern für uns als Gemeinschaft stellt sich immer wieder neu die Frage nach den Prioritäten. Ist es der gemeinsame Schwesternabend oder ein spannender Bibelkurs in der Gemeinde? Gehe ich ins TenSing-Konzert, weil mir die Jugendlichen am Herzen liegen? Oder ist mein Platz beim Abendgebet? – um nur einige Beispiele zu nennen. Für eine Gemeinschaft ist ein gutes Mass an Verbindlichkeit nötig, damit sie lebendig bleibt und wachsen kann. Und dieses gesunde Mass fällt uns nicht einfach zu. Es gilt für jede Schwester und für die Gemeinschaft als ganze, die Grenzbereiche zu beachten.

Als Kommunität kommen wir in unserem Haus regelmässig zusammen zum Gebet. Diese Praxis gehört ja unabdingbar zu einem ordensähnlichen Leben. Wir bedachten lange den Wunsch, wenigstens einmal in der Woche eine Gebetszeit in der Kirche zu feiern, offen für die Gemeinde. Seit 2002 beten wir nun jeden Freitagabend das Abendgebet nach der Liturgie im reformierten Kirchengesangbuch. Wir haben sogar das Vorrecht, als äusseres Zeichen eine Kirchenglocke läuten zu lassen. Meistens findet sich ein bescheidenes Grüppchen von Teilnehmenden ein. Tagzeitengebete leben bekanntlich nicht in erster Linie von grosser Beteiligung sondern von der Regelmässigkeit. Was wir sehr schätzen ist die Ankündigung des Abendgebets im Kirchenboten und in den wöchentlichen Mitteilungen.

Die evangelisch-reformierte Kantonalkirche und der Saronsbund

Seit den Anfängen unseres gemeinsamen Lebens in Uznach sind wir der Kirchenleitung in St. Gallen bekannt, weil Dekan Kast den damaligen Kirchenrat über unsere Existenz und unsere öffentliche Einsegnung zum Dienst informierte. Längere Zeit hatte es damit sein Bewenden. Allerdings entstanden engere Kontakte einzelner Schwestern zu bestimmten kantonalkirchlichen Arbeitsstellen. Als Sozialdiakonische Mitarbeiterin und als Religionslehrerin sowie als Mitglied der kantonalen KIK-Kommission lernte ich die St. Galler Kirche kennen und auch je länger je mehr schätzen.

Wie wichtig die Beziehungen zwischen Landeskirche und Ordensgemeinschaften sind, wurde uns erst bewusst, als sich unsere grossen und kleinen Gemeinschaften zu einem Forum (FEOS, siehe 33f.) zusammenschlossen. In diesem Rahmen wurde klar, dass kommunitäre Gemeinschaften und Bewegungen nicht bloss frei schwimmende Inseln in der reformierten Kirchenlandschaft sind, sondern dass beide Formen, die der Ortsgemeinden und jene der verbindlichen Lebensgemeinschaften, sich gegenseitig ermutigen und stärken können.

Allerdings sollen Verbindungen geknüpft werden und ein Anteilgeben und Anteilnehmen stattfinden. Wenn wir als Gemeinschaft als Teil der Kirche Gehör finden, gilt es Schritte zu wagen. Dies war ein Hauptgrund für mich, dass ich mich vor drei Jahren in die St. Galler Kirchensynode wählen liess.

Der Saronsbund informiert seit etlichen Jahren den Kirchenrat über Leben und Ergehen der Gemeinschaft. Es ist uns klar, dass unsere Lebensform den Reformierten eher fremd ist und vielleicht etwas «katholisch» anmutet. Gerade darum sind Offenheit und Transparenz von unserer Seite her wichtig. Wir merken, dass wir zunehmend beachtet werden. Etwas ist am Wachsen. Und dies wünschen wir uns sehr, auch für die anderen kleinen und grossen Ordensgemeinschaften innerhalb der reformierten Schweizer Kirchen.

Evangelische Kommunität mitten unter katholischen Pfarreien und Klöstern

Es liegt wohl in der Natur der Sache, dass die katholische Bevölkerung von Anfang an viel Verständnis zeigte für unsere Lebensform. Als vor einigen Jahren die Idee einer Klosternacht aufkam, wurden wir vom Kapuzinerkloster Rapperswil direkt eingeladen zur aktiven Teilnahme. Wir wurden gleich den vielen katholischen Konventen und Abteien unserer Region öffentlich vorgestellt und gestalteten die Klosternacht mit. Da unsere Kirchgemeinde ja mehrere katholische Pfarreiverbände als Gegenüber hat und mit ihnen gemeinsame Anlässe gestaltet, sind wir auch da mit dabei. Unser jüngstes Projekt: Gemeinsame Flüchtlingsgottesdienste – ökumenisch geplant und gestaltet, befindet sich gerade in der Umsetzungsphase, auch dies ein Beitrag zur «Baustelle Kirche».

Der Einfluss von Gemeinschaften auf eine Kirchgemeinde am Beispiel von Thayngen SH

Sabine Aschmann

Dem Lebenswasser Raum geben

Durch Thayngen fliesst die Biber, ein kleiner Bach, der versteckt zwischen Strassen und hohen Bauten kaum wahrgenommen wird. Eine lange Zeit gab es nur die kanalisierte Biber, ohne viel Leben. Es fanden sich auch längst keine Biber mehr in der Biber, abgesehen von einem aus Stein gehauenen Exemplar, das die Brücke über den Bach ziert. Doch dann begann man, die Biber zu renaturieren. Beim Dorfeingang, wie auch bachabwärts den Gärten entlang, kaufte die Gemeinde Land auf, baggerte den Kanal aus, füllte das tiefe Bachbett mit Kies und Steinen auf und liess die Biber flach und frei mäandrieren. Das genügte. Innerhalb weniger Jahre mehrten sich Flora und Fauna, Fische und Reiher kehrten zurück, Enten schwammen, sogar der Biber wurde da und dort wieder gesichtet. Die Rückkehr zur natürlichen Gestalt brachte diesem Dorfbach Zukunft und Leben.

Eine vergleichbare Entwicklung erlebte in den letzten fünfundzwanzig Jahren auch die Kirchgemeinde Thayngen-Barzheim. Die Organisationen Mut zur Gemeinde und Stiftung Schleife Winterthur hatten einen nicht unwesentlichen Einfluss auf diese Entwicklung. Davon soll im Folgenden die Rede sein.

Renaturieren und reformieren

Sieht man die Kirchgemeinde als Bachbett, durch welches das Wasser des Lebens fliesst, so können die beiden genannten Bewegungen mit dem erweiterten Uferstreifen und dem Bagger verglichen werden. Die Renaturierung gleicht hier der Reformation. Diese führt zum Ursprung der Kirche zurück, um ihr eine gottgemässe Entfaltung in der Zukunft zu bringen.

Neues, weiteres Land zu erschliessen, war der eine Aspekt, der die Kirchgemeinde aus Engführungen herausgebracht hat. Neues Land bedeutet geistlich gesehen die Erweiterung der kirchlichen Aktionsfelder. Nicht nur von der Kanzel aus und nicht nur am Sonntagmorgen im gottesdienstlichen Singen und Beten findet heute geistliches Lehren und Leben statt, sondern auch in zahlreichen Hauskreisen, die engagiert und mit unterschiedlichen Profilen von Gemeindegliedern geleitet werden. Es kommt zu seelsorgerlichen Begegnungen untereinander, und im regelmässigen Schulgebet, das sich eigenständig organisiert, beten Mütter aus verschiedenen Konfessionen. Während die Hauskreisarbeit wesentlich durch die Christusdynamik-Wochen von Mut zur Gemeinde angestossen wurde, vermittelten die Angebote der Stiftung Schleife wichtige Kompetenzen für aktive Gemeindeglieder. So entwickelten sich einige Gemeindeglieder durch den Besuch von Seelsorgewerkstatt, Gebetsseminaren oder Konferenzen zu engagierten und geistlich mündigen Mitarbeitenden der Kirchgemeinde.

Nützliche Werkzeuge

Der «Bagger» – ein nützliches Werkzeug für tiefgreifende Veränderungen – ist der zweite Aspekt in diesem Reformprozess. Die Kirchgemeinde brauchte ein Werkzeug, das die Gemeinde umgestaltet. Grundsätzlich ist dieses Werkzeug der Heilige Geist selbst in seiner souveränen und kreativen Kraft. Von Mut zur Gemeinde kamen evangelistische Impulse nach Thayngen, die eine fortlaufende Kette von Glaubenskursen in der Kirchgemeinde initiierten. In der Stiftung Schleife fanden Pfarrpersonen und Gemeindeglieder einen Zugang zu Geistesgaben, die sich auf die Musik, die Gebetshaltung, den seelsorgerlichen Dienst, die Verkündigung und die Gemeinschaft auswirkten.

Nötige Voraussetzungen

Der Kirchenvorstand und die Pfarrpersonen begrüssten einen Aufbruch. Sie waren bereit, neue Impulse aufzunehmen und sich gemeinsam auf ein geistliches Abenteuer einzulassen. Langsam änderte sich das Bild der Gemeinde von einem stillstehenden oder eng kanalisierten Gewässer zu einem natürlichen Fluss.

Die Pfarrpersonen und weitere Schlüsselpersonen, die das Vertrauen der Kirchgemeinde geniessen, mussten zwischen den beiden erwähnten Gemeinschaften und den Gemeindegliedern vermitteln. In dem Masse, wie sie sich selbst persönlich auf die Gemeinschaften einliessen, von deren Arbeit begeistert und überzeugt waren und davon profitierten, konnten sie als Referenzpersonen die Inhalte und Angebote der Gemeinschaften in der Kirchgemeinde beliebt machen. Bei einem Pfarrwechsel, der einen Verlust der Referenzperson für Mut zur Gemeinde bedeutete, war dann zu beobachten, dass die Beziehung der Gemeinde zu dieser Gemeinschaft sich löste, sodass bereits nach wenigen Jahren die Werbung für Weiterbildungsangebote auf wenig Resonanz mehr stiess und die Kollekte neu begründet werden musste.

Neuaufbruch wagen oder abblocken

Wir erkannten: Neue geistliche Impulse dürfen nicht als Bedrohung oder Konkurrenz empfunden werden. Ängstliche und misstrauische Abwehr oder auch nur das Abwerten neuer Impulse als Liebhaberei einiger Sonderlinge ersticken die Chancen des Neuaufbruchs und verstärken den Traditionalismus in der Kirchgemeinde. Umgekehrt kann es zu Verwirrung und verletzenden Missverständnissen kommen, wenn sich die Gemeindeleitung überhaupt nicht um die neuen Impulse kümmert und diese in gewissen Kreisen ein Eigenleben zu führen beginnen.

Wir Pfarrpersonen waren herausgefordert, die neuen geistlichen Impulse theologisch verständlich einzuordnen und mit weiser Sorgfalt für alle zugänglich zu machen. Eine Aufspaltung der Gemeinde in Eingeweihte und Nichteingeweihte sollte auf alle Fälle vermieden werden. Wir strebten aber an, alles Leben, «das dem Leib Jesu noch fehlt» (Lilo Keller, Schleife), in der Gemeinde willkommen zu heissen. Auf diese Weise konnte manche Neuerung in geistlicher Verantwortung integriert werden.

Theologische Verantwortung

Dies gelang beispielsweise, als wir das hörende Gebet – auch prophetische Gabe genannt – als charismatische Erfahrung in der Gemeinde bekannt machten. Das Ehepaar Maskell aus Australien – von der Stiftung Schleife vermittelt – besuchte zweimal die Kirchgemeinde. Wir luden die Hauskreisleiter zu einem Abend mit dem Ehepaar am Samstag vor Pfingsten ein. Im darauffolgenden Pfingstgottesdienst wurde das Ehepaar mit ihrem Dienst der Kirchgemeinde vorgestellt und die prophetische Gabe in der Predigt erklärt. Anschliessend wurde die Gemeinde eingeladen, für das Empfangen eines prophetischen Worts in der Kirche zurückzubleiben. Dies wurde von einer grossen Anzahl Personen in Anspruch genommen und führte zu eindrücklichen Momenten. Dadurch, dass die Pfarrpersonen anwesend waren, konnte in der Folgezeit der Umgang mit den empfangenen Worten seelsorgerlich begleitet werden.

Ein renaturierter Bach, wie die Biber in Thayngen, gefällt nicht allen. Kritiker sind auch bei den Reformbemühungen der Kirchgemeinde rasch auf dem Plan. Doch das Leben, das aus dem Herzen Gottes quillt, überzeugt mehr als pharisäische Ängste und weltliche Bedenken. Den Gemeinschaften verdanken wir viel, da sie nahe an der Quelle des Geistes angesiedelt sind und wichtige Vermittler bleiben in der heute notwendigen Reformation der Kirchen.

Die Zusammenarbeit der evangelisch-reformierten Kirchgemeinde Thayngen-Barzheim mit den genannten Bewegungen in Übersicht

Mut zur Gemeinde

- Anstösse für Einzelpersonen
- Christusdynamikwochen mit vielen Teilnehmenden aus Kirchgemeinde und Pfarrperson im Team
- führt anschliessend zu Hauskreisgründungen und einer Belebung der Kirchgemeinde (80er und 90er Jahre)
- Weiterbildungen im Bereich Hauskreisarbeit (90er Jahre)
- Anstoss für Vater-Kind-Wochenenden ca. 2002
- Seniorennachmittag ca. 2003 mit Einladung von Hans Bürgi in 55+ Veranstaltung
- Einladung der Theatergruppe THEATER plus, mit gutem Anklang ca. 2007
- Kirchenstandsretraite 2010 mit Mentor aus Mut zur Gemeinde

Kontakt meist über Pfarrpersonen hergestellt.
Deutlich gemeindeprägende Ergebnisse.
Ehrliche und mutmachende Begegnungen und Impulse.
Gemeindenah und praktikabel.

- Kirchenstandsretraite in der Schleife ca. 1998/99
- AGGA-Seelsorgeminar und Werkstatt für Prophetie prägen den Seelsorgestil einer Pfarrerin.
- Ein Pfarrhauskreis, der von der Schleife initiiert wurde, bietet zwei der Pfarrpersonen über viele Jahre einen wichtigen Halt.
- Seelsorgeausbildung in Jahresworkshop wird für mindestens zwei Gemeindeglieder nützlich, die sich seelsorgerlich in der Kirchgemeinde engagieren.
- Das Ehepaar Maskell aus Australien besucht – von der Schleife vermittelt – zweimal die Kirchgemeinde und übt einen wirkungsvollen prophetischen Dienst darin aus.
- Ein regelmässiges Israelgebet wird ca. 2005 ins Leben gerufen, das sich u. a. auf Impulse aus der Schleife stützt.
- Die Täuferkonferenz führt in der Kirchgemeinde zu Besuch von Mennonitenchören aus den USA und in der Region zu einer vertieften Aufarbeitung des historischen Themas.
- Immer wieder finden Gemeindeglieder den Weg in Konferenzen, in ein Levitencamp oder zu Familien- und Kinderanlässen der Schleife, wo sie wichtige Impulse und Hilfen für ihre persönlichen Fragen und ihren Glauben erhalten.
- Ein überkonfessionelles Gebet und ein Schulgebet werden u. a. aus den Impulsen der Stiftung Schleife heraus gegründet.

Oft versteckter Segen, da Einzelpersonen dort geprägt wurden.

Charismatische Impulse mit eindrücklicher Tiefe – z. B. orientieren sich Einzelne bis heute an einem vor Jahren zugesprochenen prophetischen Wort.

Hilfreiche Aus- und Weiterbildung für anspruchsvolle Dienste.

«Münsterhüsli» Basel
Ort des Gebets und der Gastfreundschaftsort am
Münsterplatz

Sr. Esther Herren

Projekt Sigristenhaus

Im Sommer 2004 wurde das alte Sigristenhaus gegenüber
dem Basler Münster aufgrund der Neuordung der Sigristen-
aufgaben frei. Ein Ort des Gebets in Verbindung mit dem Basler Münster – dieses Anliegen hatten einzelne Personen schon
länger im Herzen getragen. Nun war das Haus in Aussicht.
Mit der Frage nach Verantwortlichen für die Gebetspräsenz
wandten sich die Münsterpfarrer an die Schwesterngemeinschaft des Diakonats Bethesda, Basel, und an die Kommunität Diakonissenhaus Riehen – und stiessen auf offene Ohren.
Zwei Diakonissen erklärten sich bereit und wurden für die
Aufgabe (teilweise) freigestellt. Auf den 1. Advent begannen
sie das gemeinsame Leben und Beten zusammen mit einer
Studentin, die schon länger für einen solchen Ort gebetet hatte. Die Kantonalkirche stellt das Haus zu einem reduzierten
Mietzins zur Verfügung; die Münsterpfarrer bilden zusammen mit den Oberinnen der Schwesterngemeinschaften den
begleitenden Trägerkreis des Projekts.

Der Auftrag

- Zusammen leben auf der Grundlage des Evangeliums, als generationengemischte Gemeinschaft von Diakonissen und jüngeren Frauen
- Gott loben, singen im Herzen von Basel
- Beten für Menschen und Anliegen der Gemeinde, der Stadt und darüber hinaus
- Angebot von persönlichem Gespräch, Gebet
- Mitarbeit in der Münstergemeinde (Schwestern)
- Gastfreundschaft leben
- Das Haus als Ort des Gebets für Einzelne und Gruppen öffnen

Konkretisierung der Aufgaben

Es fanden sich bald weitere Mitwohnende, meist drei und vor allem Studierende, sie blieben von sechs Monaten bis zu vier Jahren. Das Miteinander ist ebenso anspruchsvoll wie bereichernd. Als Schwestern teilen wir unsere langjährige Erfahrung im gemeinsamen Leben und in regelmässigen Gebetszeiten mit den jungen Frauen und versuchen, offen zu sein für ihre Lebenswelt und Ideen. Drei Tagzeitengebete an drei verschiedenen Orten waren teils zu Beginn vorgegeben, teils entwickelten sie sich nach und nach:

- Liturgisches Morgengebet in der Katharinenkapelle des Münsters,
- Mittagsgebet im Münster, zugänglich für Touristen,
- Abendgebet im Haus, freie Gestaltung mit liturgischen Elementen.

Morgens und mittags tragen auch andere Gruppierungen mit oder sind verantwortlich; die Abendgebete sind in unserer Regie. Die Mitwohnenden engagieren sich nach ihren Möglichkeiten, da galt es, um einiges zurückzubuchstabieren. Sr. Marti (Bethesda), vollzeitlich im Münsterhüsli, ist regelmässig auch bei den Mittagsgebeten dabei und trägt die Hauptverantwortung für das Haus und die Gäste, während ich tagsüber vorwiegend in Riehen an der Arbeit bin. Mit diesen begrenzten Möglichkeiten suchen wir, unsern Ort des Gebets und der Gastfreundschaft zu gestalten. Sehr verschiedene Menschen nehmen an unseren Abendgebeten teil, bringen ihre Anliegen mit und sind manchmal auch beim Essen mit dabei, erleben ein Stück «Zuhause». Tagsüber kommen einzelne Leute spontan oder vereinbart für ein Gespräch oder zu einer stillen Zeit im Gebetsraum. Dieser liegt ebenerdig, einsehbar vom Münsterplatz her. Eine Nachbarin vom andern Ende des Platzes, die erst nach Jahren zum ersten Mal an einem Abendgebet teilnahm, sagte uns: «Gekommen bin ich zwar noch nie, aber sehr oft hab ich im Vorbeigehen euch beim Gebet gesehen und fühlte mich gestärkt – es ist gut, dass ihr da seid.» Ähnliches bekommen wir öfter zu hören. Verlässlich Da-Sein und Beten ist ein wichtiges Zeichen in unserer Zeit.

Verbindend wirken

Das weitere Engagement in der Münstergemeinde umfasst u. a.: Türdienst, Besuchsdienst, einmal im Monat Segnungsgebet nach dem Gottesdienst und seit kurzem – aus Not geboren – eine Gebetszeit für die Gemeinde vor dem Gottesdienst. Gerne würden wir auch während der touristischen Öffnungszeiten des Münsters ein Angebot von Gebet und Gespräch machen, doch dazu reicht die Kapazität nicht.

Als Münsterhüsli-Schwestern können wir in mancher Hinsicht verbindend wirken:

- zwischen unseren Kommunitäten und der Kirche, indem wir mit Angehörigen verschiedener Gruppierungen und Strömungen in der Gemeinde in Beziehung stehen, ohne einer von ihnen anzugehören;
- im Einbeziehen von Gliedern verschiedener Kirchen, auch Freikirchen, in die Verantwortung für die Mittagsgebet;

- in der Beziehung zu verschiedenen Gruppen, Bewegungen, die regelmässig oder punktuell unsern Gebetsraum nutzen.

Echos aus der Kirchgemeinde auf unsere Präsenz

Die Echos auf unsere Präsenz sind breit gefächert, von Befremden und höflicher Distanz bis zu praktischer Mithilfe und starken Zeichen des Dankes und der Ermutigung. Bei vielen spüren wir, dass sie unser Da-Sein und unsern Dienst sehr schätzen, obwohl sie trotz Einladung nie den Schritt über unsere Schwelle machen. Wir können das verstehen – zugleich wünschten wir uns sehr, dass mehr Gemeindeglieder etwas vom Segen der Gebetszeiten erfahren und einzelne diese auch mittragen würden. So steht die Zukunft des Morgengebets in Frage, weil wir als alleinige Träger übrig geblieben sind, und wir suchen nach wie vor nach weiteren Personen für das Mittagsgebet, damit es auch am Freitag noch stattfinden kann.

Der Dienst der Fürbitte wird wahrgenommen und dessen Wichtigkeit von vielen unterstrichen. Die Einbindung der Pfarrer in den Trägerkreis ist hilfreich; zurzeit ist es nur einer, doch wird noch ein Glied des Kirchenvorstands und eine weitere Person dazu stossen. So findet zwei- bis dreimal jährlich das Miteinander von Kommunitäten und Kirchgemeinde konkret an unserem Küchentisch statt.

Mit unserem Ordenskleid sind wir als «Kirche» und «Beterinnen» erkennbar – das wird oft als klares Zeichen wahrgenommen, etwa von den Touristen, die während des Gottesdienstes die Kirche betreten, oder wenn wir uns danach für das Segensgebet bereithalten.

Wir freuen uns, dass wir in gutem Zusammenspiel mit der Ortskirche und den Kommunitäten diese kleine Oase am Münsterplatz gestalten dürfen. Nachahmung ist ausdrücklich empfohlen!

Reformierte Fokolarinnen
Die Liebe schafft ein Zuhause

Kathrin Reusser, Vroni Peier, Brigitta Filliger,
Elisabeth Reusser

Fokolare – «Feuerstelle»

Diesen Namen gab die Bevölkerung in Trient 1944 einer kleinen Gruppe von jungen Frauen, die im Bunker bei Kerzenlicht miteinander die Evangelien lasen und diese Worte leben wollten. Ausgangspunkt war der Zuspruch eines Priesters an Chiara Lubich: «Denken Sie daran, Gott liebt Sie unendlich!» Diese Zusage schlägt ein wie ein Blitz und verändert ihre ganze Existenz. Sie kann nicht anders, als es ihren Verwandten, Bekannten und ihren Freundinnen weiterzusagen: Gott liebt mich, dich, uns alle unendlich! Als Antwort darauf beginnen die jungen Frauen, seine Liebe in all ihre Beziehungen hinein zu übersetzen. Dazu finden sie im Leben Jesu Anleitung und Mass: «Liebt einander, wie ich euch geliebt habe!» Diese Liebe wirkt ansteckend. Sie lässt Gemeinschaft unter den verschiedensten Menschen entstehen. «Gebt und es wird auch euch gegeben werden.» Sie leben einen Satz nach dem andern und erzählen sich ihre Erfahrungen. Das gelebte Wort verändert ihr Leben und ihre Beziehungen in Familie, Nachbarschaft, Kirchgemeinde und am Arbeitsplatz.

Es sind neue Beziehungen als Geschwister und als Kinder eines einzigen Vaters. Schliesslich stossen sie auf das Testament Jesu, sein letztes Gebet im Kapitel 17 des Johannesevangeliums: «Vater, gib, dass alle eins seien, damit die Welt glaubt.» Darin erkennen sie das Herzensanliegen Jesu und ihre spezifische Berufung, ihr eigenes Leben Gott zur Verfügung zu stellen als Werkzeuge für diese Einheit, um die Jesus den Vater gebeten hat. Im Lauf der Jahre entwickelt sich eine weltweite Bewegung, die Fokolar-Bewegung, deren Charisma Menschen anleitet, ihre Beziehungen in Kirche und Gesellschaft wie in der Familie von Nazaret zu leben: Maria und Josef mit Jesus in ihrer Mitte: Beziehungen der Liebe, die die Menschen in aller Unterschiedlichkeit Familie, eins, sein lässt.

Leben der Einheit in trinitarischen Beziehungen

Auf unserer Suche nach echtem christlichen Leben fühlten wir uns als Reformierte von dieser Lebensweise der Fokolare angesprochen. Daran änderte sich nichts, als uns klar wurde, dass zu jener Zeit – Anfangs der siebziger Jahre – die meisten von ihnen Katholiken waren. Davon abgesehen, empfanden wir diesen Lebensstil als urreformiert und ansteckend. Er leitete uns an, das Evangelium nicht nur im Gebet zu betrachten oder zu diskutieren, sondern handfest zu leben. Das Übersetzen der Liebe Gottes in unseren Alltag hinein bildete auch für uns *die* Grundlage. Das gemeinsame Leben des Wortes verband uns mit allen und überwog bei weitem das Fremde oder Befremdende von konfessionellen und andern Unterschieden. «Jesus in jedem Nächsten zu erkennen und zu lieben», erwies sich als das Schlüsselwort, um auch unter erschwerten Umständen echte Beziehungen nach innen und aussen zu finden.

Gelebte Liebe führte uns nicht an Schwierigkeiten vorbei, sondern mitten durch sie hindurch. Die ersten Fokolarinnen vermittelten uns einen neuen Umgang mit Schmerz und Leid. Sie hatten in einer unscheinbaren Alltagsbegegnung gehört, dass Jesus am Kreuz am meisten gelitten hatte, als er schrie: «Mein Gott, mein Gott, warum hast du mich verlassen?» Jesus in seiner Verlassenheit zeigte sich ihnen – und uns – als

Höchstmass der Liebe Gottes. Er wollte also in allen unseren Schmerzen und Dunkelheiten gegenwärtig sein, um alles, wirklich alles im Leben mit uns zu teilen – und wir mit ihm! Denn sobald er im Dunkel, in Schmerz oder Leid an die Tür der Seele klopfte, wurde dieser Moment zur Chance, ihm durch unser liebendes Ja die Türe zu öffnen und ihm zu sagen: Gerade Dich will ich. So machen auch wir – wie die ersten Fokolare – immer neu die Erfahrung, dass Jesus durch dieses Eins-Werden mit uns tatsächlich «einkehrt und Mahl hält» und wir mit ihm (vgl. Offb 3,20). Wie durch eine göttliche Alchimie wird der Schmerz verwandelt in Liebe, Friede, Fülle der Freude, neue Beziehungen – in Auferstehung.

Spiritualität der Einheit und reformierte Wurzeln

Mit der Eröffnung einer reformierten Fokolar-Gemeinschaft in Zürich begann für uns 1990 eine jetzt zwanzigjährige Experimentier- und Reifenszeit, in der wir unsere reformierten Wurzeln vertiefen und die Spiritualität der Einheit in unser Leben und Denken als Reformierte hinein übersetzen konnten. An dieser Weggemeinschaft nimmt auch eine Verheiratete teil.

Die Suche nach unserer Form eines täglichen Gottesdienstes im Frühling 1990 führte uns beispielsweise in die nahe gelegene Prediger-Kirche, wo gerade ein Mittagsgebet für die Werktage eingeführt wurde. Das gemeinsame Hören auf das Wort und die einfache Liturgie erlebten wir neu und bewusst als Ort, wo wir mitten am Tag gemeinsam mit Menschen aus der ganzen Stadt, «von Gott zusammengerufen» in die grössere Gemeinschaft des Leibes Christi, eingepfropft wurden. Seither beteiligen wir uns ein- bis zweimal im Monat an der Gestaltung dieses Mittagsgebets und verbinden die Auslegung der Tageslesung meist mit einer Erfahrung zum gelebten Wort. Auch beim persönlichen Lesen und Betrachten der Herrnhuter-Losungen sprechen diese Bibelworte neu in unsere persönlichen und gemeinsamen Lebensumstände hinein und werden zur täglichen Nahrung.

Mit unserer Ortsgemeinde teilten wir als Gemeindeglieder im Lauf der Jahre unterschiedliche Entwicklungen, sei es durch Aufgaben in der Rechnungsprüfungs- und Pfarrwahlkommission, sei es in Ad-hoc-Projekten oder in den Gottesdiensten. Dabei bewegte uns vor allem das Anliegen, offene Beziehungen mit allen zu leben. Das bedeutete einerseits, die verschiedenen Gesichter des verlassenen Jesus in dieser Gemeinde zu erkennen und bewusst anzunehmen, auch in internen Konflikten, oder anderseits alle ermutigenden Zeichen wertschätzend zu bestätigen. Mitleben und Mittragen bedeutete für uns aber auch ganz einfach, bewusst mit Jesus in unserer Mitte in den Gottesdienst zu gehen und durch die Verkündigung der Pfarrperson offen zu sein für Gott. Dieses Schweigen und Hören im Gottesdienst wurde sehr wohl als eine Art Resonanzkörper wahrgenommen.

Einer der Gemeindepfarrer drückte es beim Abschied so aus: «Ein besonderes Erlebnis war für mich immer wieder eure aktive Zuhörerschaft im Gottesdienst. Wer häufig vorn steht, kennt das. Du sprichst, und es kommt nichts zurück, oder aber du sprichst, und es entsteht etwas Gemeinschaftliches, eine Gottesdienstgemeinde.»

Das Leben aus dem Wort und mit dem verlassenen und auferstandenen Christus in unserer Mitte liess uns in den letzten Jahren auch einen neuen und tieferen Zugang zum Abendmahl finden. Wir entdeckten es neu als Moment, in dem Jesus – jenseits aller Unterschiede – uns durch seine vorbehaltlose Ganzhingabe zu *einer* Familie und zu seinem Volk macht. Darin glaubten wir auch der Erfahrung Zwinglis näher zu kommen, der weniger von der Gegenwart Gottes im herumgereichten Brot ausging, als vielmehr vom gegenwärtigen Christus unter den Seinen. Er kommt also auch heute in unsere Mitte, um uns sein Abendmahl als Sakrament der Gemeinschaft zu schenken, das uns mit allen Menschen im Leib Christi verbindet. Dieses Neuentdecken und Vertiefen des Abendmahlsverständnisses blieb aber nicht Selbstzweck für unsere persönliche Erbauung, sondern diente uns bald im Austausch nach den Gottesdiensten, an denen – entsprechend den Empfehlungen der Zürcher Kirchenordnung – das Abendmahl nun häufiger gefeiert wird. So ging das Entdecken und Vertiefen gemeinsam in der Ortsgemeinde weiter.

Wege des Dialogs – Ansätze zu einer Kultur der Auferstehung

Das Zeichen der Ganzhingabe Jesu im Abendmahl zündet auch in unser tägliches Leben hinein als Herausforderung und Licht zugleich, die Menschen in unserem Umfeld wie Jesus vorbehaltlos zu lieben in den unterschiedlichsten Anforderungen des gemeinschaftlichen und beruflichen Lebens. Die verheiratete Fokolarin schöpft zudem daraus wertvolle Impulse für Familie, Erziehung und den regelmässigen Dialog mit andern Paaren.

Gegenseitige Beziehungen sind keine statische Wirklichkeit und auch in unserer Gemeinschaft nicht ein für alle Mal gebaut. Das gemeinsame Abendgebet ist ein guter Moment, um unser Miteinander zu erneuern. Hier ist der Ort, um sich zu entschuldigen und erneut erste Schritte zu wagen. Dazu gibt es keine festen Regeln, vielmehr lässt uns die innere Stimme verstehen, wie wir den anderen gerecht werden können. Bei Spannungen oder Unstimmigkeiten hat sich ein «Instrument» als hilfreich erwiesen. Sobald die Sache in einem Gespräch geklärt worden ist, schliessen wir miteinander einen «Pakt der Barmherzigkeit». Gemeinsam beschliessen wir, das Vorgefallene Gott zu übergeben, zu verzeihen und zu vergessen, um am nächsten Tag einander neu begegnen zu können. So finden die Beziehungen in der Gemeinschaft durch Prüfungen hindurch zu neuer Tiefe.

Schliesslich darf eine Erfahrung nicht unerwähnt bleiben, die durch die Freundschaft und Gemeinschaft mit andern evangelischen Kommunitäten angestossen wurde. Letztes Jahr waren wir eingeladen, gemeinsam mit einer evangelischen Diakonissenkommunität an einer diözesanen Weiterbildung für katholische Seelsorgerinnen und Seelsorger aus acht Dekanaten über unsere Berufungs- und Gemeinschaftserfahrungen zu berichten. So verschieden unsere Darstellungen waren, die Beiträge erhielten durch das wertschätzende Zuhören der andern eine besondere Leuchtkraft, die Ermutigung und neue Begeisterung für die eigene Berufung weckten.

Insgesamt geht es uns wie den Emmaus-Jüngern. Fast unbemerkt und doch unverkennbar geht da ein Dritter mit, der auf unausgesprochene oder drängende Fragen antwortet und ein neues Licht auf Menschen und Umstände wirft.

Schwestern-Kommunität Wildberg – Haus der Stille und Einkehr

Sr. Marianne Graf

Geheimtipp im Zürcher Oberland

Als Aussengemeinschaft der *Kommunität Diakonissenhaus Riehen* führen und prägen wir das Haus der Stille und Einkehr in Wildberg im Zürcher Oberland. Die kleine Schwestern-Kommunität lebt vor Ort ihre spezifische Berufung zum Gebet und zur Gastfreundschaft.

Im Folgenden werde ich die vier Wesensäusserungen kirchlichen Lebens aufzeigen, wie wir sie als kleine Schwestern-Kommunität in der Kirchgemeinde Wildberg zu konkretisieren versuchen.

Leiturgia

Unser Tagesrhythmus ist geprägt von drei Gebetszeiten in unserer hauseigenen Kapelle. Sowohl Gäste wie Gemeindeglieder sind zu diesen Feierstunden mit Gott eingeladen. Einmal pro Woche nehmen wir im Speziellen Anliegen der Kirchgemeinde vor Ort auf und beten für die Erneuerung der weltweiten Kirche! Die wöchentliche Abendmahlsfeier in unserer Kapelle nach einer Liturgie unserer Kommunität wird im Turnus auch vom Pfarrer der Ortsgemeinde geleitet. Dieses Miteinander freut und stärkt uns. Allerdings berührt es auch immer wieder schmerzlich, dass sehr wenige Gemeindeglieder den Weg in unsere Kapelle finden.

Umgekehrt nehmen wir als Schwestern-Kommunität, wenn immer möglich, an den sonntäglichen Gottesdiensten der Kirchgemeinde teil. Wir verstehen uns als der Evangelisch-reformierten Kirchgemeinde zugehörig. Einzelne von uns engagieren sich auch in der Lektorengruppe.

Koinonia

Leben miteinander teilen, konkretisiert sich am ehesten bei Anlässen in der Kirchgemeinde wie dem Suppen-z'Mittag von Brot für alle, dem Erntedankfest und dem Chile-z'Morge.

Ebenso versuchen wir, bewusst auch Anteil zu nehmen am Ergehen der Menschen unseres Dorfes bei spontanen Begegnungen auf der Strasse, in der Käserei, bei Spaziergängen. Vertrauen im zwischenmenschlichen Bereich aufzubauen, ist eine absolute Notwendigkeit!

Diakonia

Unter diesem Aspekt wird das Miteinander wohl am konkretesten. Im Laufe der bald siebenunddreissigjährigen Anwesenheit unserer Schwestern-Kommunität in Wildberg waren Schwestern in den verschiedensten Aufgaben der Kirchgemeinde engagiert.

Als Freiwillige helfen wir mit im Vorbereitungskreis für den Weltgebetstag und den Frauenadventsabend, im Besuchsdienst bei Seniorinnen und Senioren und in der Sonntagsschule. Weiter besorgen wir den Blumenschmuck in der Kirche. Die Schwesternschaft engagiert sich auch in Kirchenpflege und Pfarrwahlkommission.

Beim Kirchenkaffee wird der von der Schwestern-Kommunität zubereitete Kaffee gern in Anspruch genommen. Auch unsere Räumlichkeiten für Anlässe stellen wir nach Möglichkeit der Kirchgemeinde zur Verfügung. Wir spüren, dass solche Dienste Beziehungen und Vertrauen schaffen.

Martyria

Mit unserem Da-Sein in der Kirchgemeinde, in den verschiedenen zwischenmenschlichen Beziehungen werden wir wahrgenommen und sind wohlwollend als «fromme Leute» akzeptiert. Unser Gebet ist, dass wir mit unserem geistlich-diakonischen und kommunitären Leben die örtliche Kirchgemeinde befruchten.

Wir wünschen uns als Schwestern-Kommunität ein vermehrtes Miteinander im geistlichen Bereich. Es besuchen nur sehr wenige Gemeindeglieder einen Anlass in unserer Kapelle. Ebenso nimmt höchst selten jemand aus unserem Dorf an einem der Angebote in unserem Haus der Stille und Einkehr teil. Sind die Wildberger von einer Schwellenangst befangen?

Dennoch: Die Beziehung zum Pfarr-Ehepaar ist herzlich. Sie empfinden die Schwestern-Kommunität in der Gemeinde als Privileg! Wir wollen uns nicht davon entmutigen lassen, dass die «Früchte» unseres Daseins kaum sichtbar sind, und vertrauend daran festhalten, dass der Herr der Gemeinde Seine Kirche baut, mit und ohne uns. Es scheint uns wesentlich, offen zu bleiben in den Begegnungen mit den Menschen unseres Dorfes und für sie im Gebet einzustehen.

Stiftung Diakonissenhaus Bern
Ein Glaubenswerk stellt sich der Gegenwart und der Zukunft

Sr. Lydia Schranz

Anfänge

Anfang des 19. Jahrhunderts, nach der Kapitulation der Berner Regierung vor den napoleonischen Truppen, war der Boden für eine Erweckung in der Stadt vorbereitet. Diese nahm ihren Anfang in der Französischen Kirche durch Pfr. Antoine Galland, welcher das Evangelium predigte. Viele Menschen, namentlich Patrizier, fassten Vertrauen und fanden zum lebendigen Glauben an Jesus Christus. Sie setzten praktisch um, was sie hörten, gründeten christliche Schulen, Gemeinden innerhalb der Reformierten Kirche und Waisenhäuser. Unter den «Erweckten» war Sophie von Wurstemberger, eine junge Frau aus einem guten Patrizierhaus. Sie nahm die Missstände in der Krankenpflege wahr und gründete mit Freundinnen, trotz dem Widerstand ihrer Eltern, einen Krankenpflegeverein. Daraus ging 1844 die Diakonissenanstalt hervor, geprägt durch das Vorbild des Kaiserswerther Mutterhauses (bei Düsseldorf). Später heiratete die Gründerin und leitete zusammen mit ihrem Gatten, Friedrich Dändliker, das Diakonissenhaus in Bern.

Sophie von Wurstemberger besuchte die Gottesdienste in der Nydeggkirche und der Französischen Kirche. Später engagierten sich die Diakonissen, welche in der Schweiz und im angrenzenden Ausland auf Aussenstationen arbeiteten, in den Kirchgemeinden vor Ort. Die Einsegnung zur Diakonisse fand anlässlich des Jahresfestes im Berner Münster statt, im Gemeindegottesdienst.

Ausbreitung – fehlender Nachwuchs durch gesellschaftliche Veränderungen

Zur Diakonissen-Gemeinschaft gehörten 1930 über 1000 Schwestern auf über 160 Arbeitsstationen im In- und Ausland. Dies war auch der Grund, weshalb 1950 auf dem Gelände am Altenberg eine eigene Kirche errichtet wurde. Seit der Gründung wurden Pfarrer von der Stiftung Diakonissenhaus Bern als Hausgeistliche (heute Theologische Mitarbeitende) angestellt zur Verkündigung und Seelsorge und zur Förderung der christlichen Bildung und des geistlichen Lebens der Diakonissen. Dadurch entstand im Kirchengebiet Nydegg in Bern eine eigene Diakonissenhaus-Gemeinde.

Nach dem Zweiten Weltkrieg führten gesellschaftliche Veränderungen zum Rückgang an Eintritten. Nun hatten Frauen viel mehr Möglichkeiten, sich in beruflicher Hinsicht weiterzuentwickeln. 1970 fand unter den Diakonissen eine Befragung statt, ob Arbeitsgebiete beim Rückzug der Diakonissen aufgegeben oder ob sie mit professionellen Mitarbeitenden weitergeführt werden sollten. Die Diakonissen entschieden sich für die Weiterführung. Somit wurden vermehrt Mitarbeitende eingestellt und die Aufgaben in Krankenpflege und Ausbildung in Pflegeberufen weitergeführt. Immer mehr Schwestern traten in den Ruhestand, und die Schwesternschaft wurde und wird durch Todesfälle kleiner. Heute zählen wir 78 Diakonissen und 1 Novizin.

2005 haben wir uns mit den Diakonissen vom Diakonissenhaus Siloah in Gümligen zusammengeschlossen. Der Verkauf unseres Salem-Spitals war ein schmerzlicher Prozess, ebenso, die Pflegeschule aufzugeben, welche der Kanton übernommen hat. So übt sich die Diakonissen-Gemeinschaft im Loslassen und Weitergeben von Aufgaben und Liegenschaften. Jede Veränderung stellt uns neu vor die Herausforderung loszulasssen und zuversichtlich im Vertrauen auf Gott weiterzugehen. Wir haben uns entschieden, dass die Entwicklung der Stiftung nicht von uns Diakonissen zurückgehalten werden darf, sondern vorwärtsgehen muss, auf der Grundlage des Evangeliums. Die Nöte der Zeit wahrzunehmen und zu handeln, entspricht dem Anliegen unserer Gründerin. Dieser Auftrag bleibt. Wir geben ihn an unsere rund 400 Mitarbeitenden weiter. «Menschen in Übergängen des Lebens begleiten» sind Thema und Strategie für die kommende Zeit.

Gleicher Auftrag – angepasste Strukturen

Immer wieder haben gesellschaftliche Veränderungen unser gemeinschaftliches Leben und die Aufgabenfelder der Stiftung geprägt. Da sich Aussenstehende unter dem Namen Diakonissenhaus immer ein Haus von pflegenden Diakonissen vorstellen, gebrauchen wir heute die Bezeichnung Stiftung.

Erneuerung geschieht bei uns heute vor Ort durch Angebote der Stille wie Exerzitien im Alltag und Stille-Tage als Retraiten. Die Tür des Diakonissenhauses steht offen für Menschen, die zur Ruhe kommen wollen und die Nähe zu Jesus suchen. So entwickelt sich das Mutterhaus zu einem Ort des Auftankens, zur Oase mitten in der Stadt. Die Angebote entsprechen den heutigen Bedürfnissen. Die Mitarbeitenden besuchen jedes Jahr ein Modul «Diakonische Bildung», in welchem das Thema Diakonie im Mittelpunkt steht. Sie sind eingeladen zu unseren Angeboten. Sie suchen Angebote, die ihrem Bedürfnis nach evangelischer Gemeinschaft entsprechen. Der Weg der Stille in unserem Garten, eine Pilgerwanderung oder einfach eine Zeit der Stille zum Atemholen werden gerne besucht.

Auftrag und Herausforderung für uns Diakonissen sind vor allem das Einstehen im Gebet für die Regierung, für unsere

Stadt, für die Kirchen. Unser Tag ist unterbrochen durch vier Gebetszeiten. Liturgische Elemente gehören zu unserem gemeinsamen Leben. Dazu pflegen wir gern Gastfreundschaft.

Als neues Tätigkeitsfeld liegt uns die Palliativpflege sehr am Herzen. Wir wollen Pflegebedürftigen in den ihnen verbleibenden Tagen Lebensqualität geben. Das Berner Stellennetz, das Arbeitslosen durch Beratung und Vermittlung Arbeit ermöglicht, tragen wir in der Fürbitte mit.

Neben der Diakonissen-Gemeinschaft wurden (unter dem Dach unserer Stiftung) zwei weitere Gemeinschaften mit verschiedener Verbindlichkeit der Zugehörigkeit gegründet. Zum einen besteht seit 1995 die Diakonische Gemeinschaft mit 4 Mitgliedern, welche vor allem das sozial-diakonische Projekt Wäggmeinschaft zwöiti Meile unterstützen. Der Aufnahme geht eine längere Phase des Kennenlernens voraus.

Im Jahr 2000 fanden sich 6 Frauen zu einem verbindlichen Freundeskreis zusammen. Heute sind es 26 Mitglieder und 2 Kandidatinnen. Das erste Jahr ist ein Kandidatenjahr. Die Freunde unterstützen die Diakonissen und tragen im Gebet und ganz praktisch im Alltag mit.

Diesen beiden Gemeinschaften gehören Frauen und Männer an. Gegenwärtig sind wir als Gemeinschaften auf dem Weg, trotz verschiedenen «Verbindlichkeitsstufen» mehr zusammenzuwachsen und die Stiftung geistlich gemeinsam zu tragen.

Bezug zu Orts-Kirchgemeinde und Kantonalkirche

Wir pflegen gute Kontakte zur Kirchgemeinde vor Ort, aber auch zu den benachbarten Kirchgemeinden Münster und Johannes. Jedes Jahr im August finden mit dem Pfarrerteam einer dieser Kirchgemeinden gemeinsame Bibelwochen statt. Es freut mich, dass wir wieder stärker mit der örtlichen Kirchgemeinde verbunden sind. Über viele Jahre «hatte man einander nicht nötig». Das hat sich nun positiv verändert.

Seit vielen Jahren haben wir Diakonissen einen Sitz in der Synode der Reformierten Kirchen Bern-Jura-Solothurn. Dies ermöglicht Kontakte zu Synodalen im ganzen Kirchengebiet. Dass die Diakonissen vertreten sind, wird deutlich wahrgenommen. Die Verbindung zur Nydegg-Kirchgemeinde wurde dadurch verstärkt. Es liegt auch an uns, herauszutreten und die Gemeinschaften, unser gemeinschaftliches Leben, bekannt zu machen. Wir tun es, indem wir Besuchergruppen aus Kirchgemeinden empfangen oder Einladungen in Kirchgemeinden wahrnehmen.

Die Kantonalkirche nimmt uns wahr und findet es bereichernd, dass es unsere Gemeinschaften gibt. Wir wünschen noch stärker als (eigenständige) Gemeinde in der Kirche verstanden und wahrgenommen zu werden, auch auf nationaler Ebene.

Erfahrungen von Leben in Gemeinschaft und Verbindlichkeit, etwa die Tagzeiten-Gebete, bringen wir gern in die Orts- und Kantonalkirche ein. Wir brauchen jedoch Ansprechpersonen, die für uns einstehen. Im Kirchenbund wünschen wir uns jemand, der für die Gemeinschaften der reformierten Kirche zuständig ist und sie vertritt. Die erprobten Formen von Gemeinschaft, Liturgie und Gebet bedeuten eine Bereicherung für die Kirchgemeinden, das kirchliche Leben. Wir reden davon, wo es möglich ist, und hoffen, dass die reformierte Kirche ihre Gemeinschaften, Orte gemeinsamen Lebens, mehr wahrnimmt, einbezieht und unterstützt.

IMPULSE UND WEGE

Alphalive-Kurse in reformierten Kirchgemeinden

Rachel Stoessel

Sehnsucht nach einer lebendigen Kirche

Zusammen mit meinem Ehemann Martin reiste ich 1993 nach London, um während den Semesterferien zwei Monate in der anglikanischen Kirchgemeinde Holy Trinity Brompton (HTB) als «Mädchen für alles» mitzuarbeiten. Wir gingen mit der Sehnsucht, eine lebendige, wachsende Landeskirche kennenzulernen. Wir beide waren seit rund acht Jahren in unserer reformierten Kirchgemeinde Bäretswil in der Jugend- und Teenagerarbeit tätig. In jenem Sommer erlebten wir, wie der gepredigte Glaube im Alltag praktisch wurde. Die Atmosphäre einer lebensbejahenden, ermutigenden und von Gottes Geist gewirkten Zusammenarbeit beeindruckte uns. Während der Gemeindeferienwoche erfuhren wir an uns, wie Gott heute Menschen verändert.

Mit diesen Erfahrungen kamen wir zurück in die Schweiz und hofften, sie in unserer Heimatgemeinde weitergeben zu können. Ein Angebot der HTB, welches uns selbst ein neues Fundament im christlichen Glauben gegeben hatte, war der Alpha-Kurs.[1] Mit der Unterstützung des damaligen Pfarrers konnten wir 1996 einen ersten Kurs anbieten, und wir erlebten in den folgenden Jahren, wie eine grosse Zahl von Kirchgängern und auch Kirchenfernen am Kurs teilnahmen.

---

1 Aus urheberrechtlichen Gründen wird der Alpha-Kurs in der Schweiz Alphalive-Kurs genannt.

Die daraus entstehenden Kleingruppen und die Mitarbeit in verschiedenen Kirchenaktivitäten bestätigten uns, dass der Kurs auch in der reformierten Kirche Kirchenfernen einen Zugang zum christlichen Glauben schafft. 1997 wuchs das Interesse an diesem Angebot in Landes- und Freikirchen der Deutschschweiz, und 1998 wagten wir den Schritt, unter dem Dach von Campus für Christus ein Koordinations- und Schulungsbüro zu eröffnen.

Gemeinschaft und Diskussion

Der Alphalive-Kurs ist eine praktische Einführung in den christlichen Glauben. Er bietet eine zeitgemässe Möglichkeit, sich mit ihm auseinanderzusetzen – fundiert und gleichzeitig locker und unkonventionell. Alphalive ist offen; Jede und jeder kann teilnehmen. Das Treffen beginnt mit einem Essen. Man kommt ins Gespräch und lernt sich leicht kennen. Keine Frage ist zu schlicht, zu schwierig oder zu frech. Es geht um grundsätzliche Fragen und Inhalte des christlichen Glaubens. Dabei wird das angesprochen, was alle Christen gemeinsam haben. Der Kurs erstreckt sich in der Regel über einen Zeitraum von zehn Wochen und beinhaltet in der Mitte ein Wochenende.

Der Alphalive-Kurs wurde vor über dreissig Jahren in HTB (Holy Trinity Brompton), einer anglikanischen Gemeinde im Zentrum Londons, entwickelt. Er verbreitete sich in den 1990er Jahren zuerst in Grossbritannien und dann international. Lokale Kirchgemeinden und Gruppen von Christen erlebten diesen Kurs als hilfreich, um mit suchenden und kirchenfernen Menschen über den christlichen Glauben ins Gespräch zu kommen. Heute wird der Kurs von allen grossen Denominationen unterstützt. In 170 Ländern bieten 46 000 Kursorte ihn regelmässig an.[2]

---

2 Stand Juni 2010.

Entdeckungsreise

Auch in der Schweiz ist der Alphalive-Kurs ein Treffpunkt, an dem Menschen über den christlichen Glauben diskutieren und sich austauschen können. Gott wird erfahrbar, Kirche erlebbar. Heute ist jeder fünfte Alphalive-Kursanbieter eine reformierte Kirchgemeinde. Viele Kursleiter berichten, dass die Gemeinden merklich gewachsen sind. Aus Skeptikern und Suchenden sind Gemeindeglieder geworden, deren Glaube Hand und Fuss hat. Oft gestalten sie einen Bereich freiwillig und tragen so die Kirchgemeinde mit.

Eine Teilnehmerin erlebte, wie Jesus ihr einige Wochen nach dem Kurs in einer Notsituation mit Frieden und Kraft begegnete. Dies überzeugte sie, dass Jesus auch heute lebt. Sie vertraute ihm in einem Gespräch mit dem Pfarrer ihr Leben an. Heute hilft sie mit ihren zwei Kindern in den Kinderangeboten mit und singt im Singkreis. An einem Alphalive-Kurs für Senioren durfte ich miterleben, wie ein Ehemann für den Rücken seiner Frau betete und sie danach geheilt war. Dies hat beide davon überzeugt, dass Gott ihnen mit einer bis dahin unbekannten Liebe und Würde begegnet.

Den Glauben formulieren

Im 2005 wurde der reformierte Glaubenskurs «Glauben 12» lanciert. Wir wurden oft gefragt, ob er als Konkurrenz für den Alphalive-Kurs zu sehen sei. Meine Antwort ist Nein. Der Alphalive-Kurs hat in vierzehn Jahren vielen Kirchgemeinden geholfen, Theologie in einer Sprache auszudrücken, die Nichtkirchgänger und Nichttheologen verstehen. Für einige Veranstalter waren Themen wie «Warum starb Jesus?», «Der Heilige Geist» oder «Wie widerstehe ich dem Bösen» eine Herausforderung.

Weltweit haben Theologen diverser Richtungen den Kurs unter die Lupe genommen. Der Alphalive-Kurs sucht die

Grundlagen des christlichen Glaubens zu vermitteln, in denen wir uns einig sind. An den Kursabenden arbeiten vielerorts Christen aus verschiedenen Denominationen zusammen. Die Medien haben dies und die Inhalte des Kurses thematisiert, was auch Kirchenkritiker bewogen hat, den Glauben näher zu betrachten.

Im Anschluss an den Kurs empfehlen wir jeder Gemeinde, die ihr fehlenden Komponenten in geeigneter Form zu vermitteln. So ist der Kurs «Glauben 12» eine Gelegenheit, die reformatorische Theologie kennenzulernen.

Reich Gottes im Alltag der Gemeinde

In Zürich-Altstetten, wo wir seit sechs Jahren wohnen, finden Alphalive-Kurse seit 1998 statt. Sie waren nach anfänglicher Skepsis von der Kirchenpflege bewilligt worden. Heute ist der Kurs ein fester Bestandteil des Angebots der Kirchgemeinde. Es hat sich gezeigt, dass die Teilnehmenden nicht – wie befürchtet – eine eigene Gruppe bilden, sondern nach dem Kurs aus dem vielfältigen Angebot das auswählen, welches ihrem vertieften oder neu gefundenen Glauben entspricht. Einige gehen zum Taizégebet, andere arbeiten ehrenamtlich in der Gemeindeferienwoche mit oder bringen ihr Know-how als sozial-diakonische Mitarbeiter und Mitarbeiterinnen ein.

Eine junge Mutter fand über den Alphalive-Kurs einen persönlichen Glauben zu Gott. In Treffen mit anderen Müttern, Familiengottesdiensten und Gesprächen mit der Pfarrperson reifte ihr Glaube. Heute leitet sie zusammen mit einer Sozialdiakonin eine offene Frauengesprächsrunde, an der sich viele Frauen, welche sonst kaum Berührungspunkte zum Kirchenalltag haben, beteiligen. Nebenbei hat sie sich auch in der Pfarrwahlkommission eingebracht.

Der Anbruch des Reichs Gottes wird für mich dort deutlich, wo Menschen erleben, dass Gott sie liebt und ihnen ihre Würde als Mensch zurückgibt. Wo er sie in eine Gemeinschaft von

Freunden stellt und ihre Fähigkciten in der lokalen Gemeinde – damit ist auch die politische gemeint – einsetzt, damit
Leben geachtet und Frieden gestiftet wird. Mich freut es als
Kirchenpflegerin, in diesem Sinn erleben zu können, wie dies
gerade hier in Zürich-Altstetten geschehen darf.

Vereinigte Bibelgruppen in Schule, Universität, Beruf (VBG)
Im Miteinander von Bewegung und Kirche

Benedikt Walker

Eine interkonfessionelle christliche Bewegung

Um Alltag und Glauben zusammenzubringen, ermutigt und unterstützt die VBG interkonfessionelle Gruppen an Mittelschulen, Hochschulen und Universitäten. Zudem vernetzt sie Berufstätige in Fachkreisen und Arbeitsgruppen, um den Austausch über Glaubensfragen und fachspezifische Themen in Gang zu setzten. Ihr Ziel ist es, ein Christsein zu fördern, das alle Lebensbereiche betrifft und Menschen, Kirche und Gesellschaft prägt und verändert. Die Basis des Glaubens soll mit der Freiheit und Weite des Denkens verbunden werden

In ihrer theologischen Identität beruft sich die Bewegung auf die allgemeinen Glaubensgrundlagen, wie sie im Apostolischen Glaubensbekenntnis überliefert sind. Weil sie die Kirchen und Bewegungen nicht als Konkurrenten, sondern als Ergänzung betrachtet, pflegt sie bewusst eine Spiritualität, die von verschiedenen christlichen Traditionen geprägt ist. Die Verankerung des Glaubens sieht sie im Bekenntnis: «Jesus ist der Herr!» Ausgehend von diesem Zentrum kann man zu grosser Freiheit anleiten.

Die VBG gehört zum Dachverband der IFES, einer internationalen Studierendenbewegung. Ihren Beitrag an die Kirche sieht sie in fünf Feldern:

Studierende an den Mittelschulen und Universitäten begleiten und ausbilden

Die jungen Akademiker sehen sich in ihrem Werdegang mit vielen Anfragen an den christlichen Glauben konfrontiert. Deshalb engagiert sich die VBG an den Mittelschulen und Universitäten und setzt sich in öffentlichen Veranstaltungen wie Podiumsveranstaltungen, Vorträgen und Gesprächsgruppen thematisch mit «Glauben versus Wissenschaft» und weltanschaulichen Fragen auseinander. Sie unterstützt die Kirche und die Hochschulpfarrämter, indem sie den Mittelschülern und Studierenden während ihrer Ausbildung ein seelsorgerliches Gegenüber ist und sie in ihren spezifischen Fragen begleitet. So ist es kein Zufall, dass viele Angehörige kirchlicher Berufe und Gremien während ihrer Ausbildungszeit engen Kontakt zur VBG pflegten und dadurch geprägt wurden.

Der Glaube betrifft alle Lebensbereiche

In der Arbeit unter Berufstätigen liegt der Fokus auf der Auseinandersetzung zwischen Fachgebiet und Christentum. So unterstützt die VBG z. B. die christlichen Lehrer, indem sie einerseits Kurswochen zu christlicher Pädagogik anbietet, sich andererseits in die öffentliche Diskussion über «fromme Lehrer» einmischt und die Studierenden an pädagogischen Hochschulen befähigt, sich in einem zunehmend säkularisierten Umfeld zu bewegen.

Der Fachkreis Psychologie und Glaube garantiert Qualitätssicherung und bietet neben Fachtagungen ein Verzeichnis von christlichen Fachpersonen für psychologische Beratung und Therapie an. Ein Netzwerk umfasst christliche Fachpersonen verschiedener Disziplinen aus der ganzen Schweiz und fördert den Austausch über die eigene Denomination hinaus. Davon profitieren nicht nur die Kirchen, sondern auch die Gesellschaft.

Diese Bestrebungen werden unterstützt durch eine rege Kurstätigkeit in den beiden Kurs- und Ferienzentren Casa

Moscia und Campo Rasa im Tessin. Diese sind auch Gastgeber für zahlreiche Gemeindewochen, Schulklassen- und Konfirmandenlager. Sie haben dank ihrer Lage und Ausstrahlung einen besonderen Charme und werden von vielen Gästen rege benutzt und immer wieder aufgesucht.

Brücken bauen durch Förderung einer vielseitigen Spiritualität

Einen Beitrag an die Kirchen sieht die VBG im Fördern eines Miteinander-unterwegs-Seins gemäss dem Jesuswort «dass sie alle eins seien» (Joh 17,21). So begegnen sich in den VBG-Gruppen Angehörige verschiedener Denominationen und Konfessionen. Die andere Denomination respektive Konfession erhält durch vielfältiges Sich-Begegnen ein Gesicht und wird fassbarer. Berührungsängste und Vorurteile zwischen den verschiedenen Menschen werden abgebaut. Zugleich ist die VBG Mitglied der ökumenischen Leitungsgruppe Miteinander auf dem Weg, einer Initiative von evangelischen und katholischen Bewegungen, die im Anschluss an die grossen Kongresse in Stuttgart das Miteinander von Menschen und Bewegungen aus den verschiedenen Konfessionen fördert.

Im Zusammenkommen von Menschen mit unterschiedlichem kirchlichem Hintergrund werden auch verschiedene spirituelle Formen gepflegt. Hier gilt es, einerseits Rücksicht zu nehmen und andererseits offen sein für neues. Dies ist eine Bereicherung und Horizonterweiterung für beide Seiten, die Ortsgemeinde und die VBG-Gruppen.

Kirche und Bewegung können einander befruchten

Es gibt verschiedene Bereiche, in denen die Kirchen einen grossen Beitrag an die VBG leisten: Die Ortsgemeinden sind das Rückgrat der VBG, die sich nie als Kirche verstanden hat. So liegt die «kirchliche Heimat» der VBGlerinnen und VBGler in den örtlichen Kirchgemeinden.

Als Volkskirchen sind die christlichen Kirchen herausgefordert, sich mit den Problemen der Gesellschaft zu beschäftigen. Sie müssen sich ständig mit der Frage auseinandersetzen, wie sie ihre Glieder in den Glauben einführen und weiterbilden. In diesem Kerngeschäft können Ortsgemeinden und Bewegungen voneinander profitieren und sich ergänzen. Der öffentlich-rechtliche Status der verfassten Kirchen ermöglicht Gruppen eine evangelistische Arbeit, ohne dass sie gleich unter Sektenverdacht fielen.

Die Auseinandersetzung in weltanschaulichen Fragen ist ein herausforderndes Gebiet. Christlichen Studierenden und Akademikern bläst hier häufig ein rauer Wind entgegen. Die VBG ist vielen engagierten Theologen dankbar, die sich als Referenten zur Verfügung stellen und sich mit ihren Beiträgen aktiv in Veranstaltungen einbringen. Dadurch leisten sie einen sehr wertvollen Beitrag.

Die VBG wünscht sich, dass das Anliegen des Miteinanders wächst. Sie sieht ein grosses Potenzial in der Ergänzung zwischen Ortsgemeinden und Bewegungen. Die Schweiz braucht Orte und Gefässe der Meinungsbildung und Begegnung, des Austausches und der Versöhnung. Denn im Miteinander werden die Kirchen und Bewegungen zu einem sichtbaren Zeichen und ein glaubwürdigerer Partner in der Gesellschaft. Gleichzeitig kann das Potenzial der personellen Ressourcen und finanziellen Mittel besser ausgeschöpft werden.

Markus Schildknecht

Vision und Entstehung

> «Wenn mein Volk, über dem mein Namen genannt ist, sich demütigt, und sie beten und suchen mein Angesicht und wenden sich ab von ihren bösen Wegen, werde ich es vom Himmel her hören und ihre Sünde vergeben und ihr Land heilen.» (2Chr 7,14)
>
> «Insbesondere bitte ich euch nun, vor Gott einzutreten für alle Menschen in Bitte, Gebet, Fürbitte und Danksagung, für die Könige und alle Amtsträger, damit wir ein ruhiges und gelassenes Leben führen können, fromm und von allen geachtet.» (1Tim 2,1–2)

Wir erkennen das Verlangen unseres Vaters im Himmel, des allmächtigen Gottes, nach Betern, die ihn im Geist und in der Wahrheit anbeten und die in Liebe und Einheit zusammenstehen. Gebet für die Schweiz möchte dem Verlangen Gottes entsprechen. Christen sollen zum Gebet ermutigt, zugerüstet und unterstützt werden.

Gebet für die Schweiz dient in seinem Auftrag mit Wertschätzung für die anderen Dienste des Leibes Christi und mit einer ganzheitlichen Sicht des Evangeliums. Die Bewegung entstand in den 1980er Jahren durch Christen, die die Notwendigkeit des Gebets für unser Land erkannten. Gebet für die Schweiz wird heute als Organisation durch über dreissig christliche Organisationen getragen. Ursprünglich waren dies vor allem die Gebetsbewegungen und Gebetshäuser in der

Schweiz. Zunehmend kommen andere christliche Organisationen mit dem Ziel, die Vision zu unterstützen, dazu.

Die Aufträge von Gebet für die Schweiz und ihre Umsetzung

146 Diese Vision nimmt Gebet für die Schweiz mit drei Kernaufträgen wahr:

a. Den Willen Gottes für Volk und Land suchen.

b. Motivation, Anleitung und Leitung zum Gebet für die Schweiz (als Volk und Land).

c. Darüber wachen, dass das Gebet im Land gefördert wird; bestehende Gebetsgruppen und Organisationen vernetzen.

Zur Umsetzung des ersten Kernauftrags treffen sich die Leiter bzw. Delegierten der Organisationen mehrmals jährlich zum hörenden Gebet für die Schweiz.

Den zweiten Kernauftrag erfüllt Gebet für die Schweiz mit verschiedenen Gruppen:

- Ca. 4000 Empfänger der Zeitschrift von Gebet für die Schweiz, die die Gebetsanliegen einzeln oder in kleinen Teams aufnehmen;

- Ca. 2500 Empfänger der Gebetsaufrufe, die spontan für spezifische dringende Anliegen mit beten;

- Ca. 2000 Fahnenträger in einem landesweiten Gebetsnetzwerk, die dem Ruf gefolgt sind, in jedem Dorf und jeder Stadt mindestens ein Team zu haben, das Christen im Gebet für ihre Gemeinde und die Obrigkeiten vereint;

- Der Fürbittepool, in dem sich Beter und Beterinnen zum Gebetseinsatz für spezielle Anlässe zusammenfinden und auch entsprechend ausgebildet werden;

- Die Gebetsarmee, in der sich in verschiedenen Zellen Christen zu verbindlicher Gemeinschaft treffen, die sich zu einem speziellen geistlichen Kampf für unser Land gerufen wissen.

Der Umsetzung des dritten Kernauftrags dienen einerseits die jährlich stattfindenden Nationalen Gebetstage, an denen sich jeweils mehrere tausend Christen aller Denominationen und Konfessionen zum Gebet für unser Land versammeln. Andererseits sucht Gebet für die Schweiz die Vernetzung mit weiteren lokalen und nationalen Organisationen und Bewegungen, die die gleiche Vision in ihrem Herzen tragen, zum Beispiel das Säntis-Gebet (vgl. 150f.) oder der Dienst der Bundeshaus-Beter.

Übergemeindlicher Fokus

Die Arbeit gründet auf der Überzeugung, dass ein wachsendes Reich Gottes in unserem Land zwei wesentliche Voraussetzungen hat:
- Die Einheit der Christen untereinander (Joh 17,21);
- «Dein Wille geschehe, wie im Himmel, so auf Erden» (Mt 6,10).

Darauf basierend fördert Gebet für die Schweiz die Einheit unter Christen, die sich nicht an Unterschieden, sondern an Christus als gemeinsamem Fundament orientiert. Eine Einheit, die unterschiedliche Traditionen und Frömmigkeitsstile, wie sie die verschiedenen Denominationen haben, respektiert, aber in allem doch die übergeordnete Dimension des Reiches Gottes sieht. Wir fördern die Gemeinschaft und Einigkeit der Beter; es geht darum, im Glauben zu beten, d. h. den Willen Gottes zu erkennen und zu beten. Damit ist ein Gebet, das erhört wird, immer auch hörendes Gebet!

Somit erfüllt Gebet für die Schweiz einen Auftrag, zu dem zwar alle Gemeinden verschiedenster Konfessionen aufgerufen sind und beitragen können (also reformiert, freikirchlich, katholisch und orthodox), der aber nur von einer übergemeindlichen Arbeit wirksam gefördert werden kann.

Dass eine Haltung, die die Notwendigkeit der Ortsgemeinden mit ihren Funktionen respektiert, aber im Reich-Gottes-Denken auch übergreifende Aspekte erkennt, sehr fruchtbar ist, soll am Beispiel der Stiftung Wendepunkt illustriert werden. In ihr ergänzen sich Gebet und Arbeit in einer übergemeindlichen Bewegung zur Förderung des Reiches Gottes.

Die Stiftung Wendepunkt, eine Sozialunternehmung im Aargau, stellt sich seit siebzehn Jahren den gesellschaftlichen Herausforderungen und beschäftigt 550 benachteiligte Menschen. Die 120 Mitarbeitenden, die sie anleiten, stellen auf christlicher und sozialer Grundlage geschützte und umfassend betreute Arbeits-, Ausbildungs-, Wohn- und Freizeitmöglichkeiten bereit, mit dem Ziel, psychisch behinderten und/oder sozial gefährdeten Menschen praktische Lebenshilfe sowie persönliche Begleitung und Beratung anzubieten und ihnen die seelische Gesundung und die Wiedereingliederung in die Gesellschaft und das Berufsleben zu ermöglichen.

Christen haben seit über 2000 Jahren eine Sinn- und Hoffnungsperspektive in die Gesellschaft eingebracht. Fehlt sie, hat das Folgen für die Zukunft. Politik, Wirtschaft und Kirchen sind darum gefordert, gemeinsam anstehende gesellschaftliche Herausforderungen anzugehen. Die Stiftung Wendepunkt arbeitet darum eng mit lokalen evangelischen Allianzen, Landes- und Freikirchen zusammen. Das Spektrum reicht von Schulung und Beratung bis zum Aufbau sozialer Projekte.

Wir sind überzeugt: Das im Gebet vorbereitete und getragene gemeinsame Engagement von Sozialunternehmungen, moderner Diakonie und Ortsgemeinden wird zur effizientesten Form von Evangelisation; sie/es erneuert die Kirche.

Die Pionierphase von Gebet für die Schweiz fiel mit dem Aufkommen verschiedener Gebetsbewegungen im Land zusammen. In dieser Phase trafen sich Menschen mit einem Anliegen und einer Sicht für das Gebet, für die sie in den meisten Gemeinden kein Feuer und damit keine Unterstützung sahen. So trafen sich Gleichgesinnte ausserhalb der Gemeindestrukturen. Anfänglich waren diese Bewegungen unbedeutend und wurden dementsprechend nicht wahrgenommen.

Mit der zweiten Phase eines starken Wachstums der Gebetsbewegungen wurden verschiedene Konflikte sichtbar. Einerseits begannen sich viele Beter über ihren Auftrag zu definieren und von den Gemeinden abzugrenzen. Andererseits sahen sich Gemeinden durch die Gebetsbewegungen bedroht, da diese ihnen aus ihrer Sicht Ressourcen entzogen und zu neuen Abgrenzungen und «Mauern» führten. Trotzdem – oder gerade auch deswegen – erwachte in dieser Phase in vielen Gemeinden der Wunsch nach einem lebendigen Gebetsleben und anhaltendem Gebet.

Aus der Sicht von Gebet für die Schweiz hat der Heilige Geist durch die Gebetsbewegungen einen wesentlichen ersten Auftrag erfüllt: das Gebet für unser Land wieder in die Gemeinden zu tragen.

In der aktuellen dritten Phase ist der Auftrag von Gebet für die Schweiz neu bestimmt worden. Zudem streben wir an, dass die Gemeinden und Gebet für die Schweiz sich in ihrem spezifischen Auftrag gegenseitig ergänzen und unterstützen. Erste Resultate sind sichtbar. So kam es zu einem ersten Miteinander auf nationaler Ebene in der Vorbereitung und Durchführung des Christustags 2010. Allerdings befinden sich auf beiden Seiten noch etliche Akteure in der konfliktreichen zweiten Phase. Doch wir sind zuversichtlich, dass mit einer zunehmenden Reich-Gottes-Sicht die sich ergänzenden und unterstützenden Anteile zunehmen und die Konflikte abnehmen werden.

Säntisgebet

Christa Heyd

Seit 2001 wird am Nationalfeiertag in der ökumenischen Kapelle Schwägalp im Auftrag des Appenzeller Kirchenrats ein überregionaler Gottesdienst gefeiert. Teilnehmende begannen, nach dem Gottesdienst am 1. August – und auch am Bettag – auf den nahegelegenen Hausberg der Ostschweiz zu ziehen, um für die Schweiz zu beten. Es ist uns ein Herzensanliegen, dass unser Land wieder seine Identität im Bund mit dem Höchsten findet und der Name des Höchsten in Ehrfurcht ausgesprochen wird.

Säntiskreuz

Am Christustag 2004 in Basel traten Fürbitter/-innen für die politischen Gemeinden der Schweiz mit ihren Ortsfahnen in die Mitte der 40 000 Teilnehmenden. Dadurch inspiriert, schloss sich uns Esther Beerle, Pfarrfrau aus Grabs, mit den St. Galler Fahnenträgern an. Die Thurgauer folgten. Zwei Kirchgemeindepräsidenten aus dem Toggenburg trieben das Projekt voran, unterstützt von einem grossen Kreis von Betenden. Gemeinsam – auch mit Politikern – weihten wir am Eidgenössischen Dank-, Buss- und Bettag 2005 das Säntiskreuz ein, ein schlichtes Stahlkreuz am Südhang unterhalb des Gipfels – in er Nähe eines tibetischen Stupa, das viele von uns nachdenklich gestimmt hatte. Viele Beter trugen geistig mit.

Eine Tafel mit dem Kernvers Johannes 3,16 in vier Sprachen wurde am Geländer über dem Hang befestigt.

Während der Bettag ursprünglich von der Obrigkeit angeordnet worden war und seit 1794 gesamtschweizerisch und konfessionsübergreifend begangen wird, ist die Gebetsbewegung um den Säntis eine Graswurzelbewegung. Hier ereignet sich innerevangelische Ökumene mit Christen aus Landes-und Freikirchen und Kommunitäten, die über 200 Fürbitter/-innen bewegt. Freundschaften entstehen und werden gepflegt von Jahr zu Jahr.

Singen und Beten auf dem Gipfel

Bewährt hat sich das offene Bettagssingen auf der Säntis-Südterrasse – bei jedem Wetter. Um 14 Uhr ruft eine Bläsergruppe unterm Kreuz zum Singen der Landeshymne, des Appenzeller Landsgemeindeliedes und weiterer Lieder. Touristen und Berggänger werden dazu eingeladen, werden bewegt und staunen. Zur Wirkung trägt auch der malerische Umzug Dutzender Ostschweizer Gemeindefahnen über den Gipfel bei. Da der Sinn des Bettags in einer säkularisierten Gesellschaft vielen nicht mehr vertraut ist, verteilen wir Infoflyer und Liedblätter an alle. Inzwischen sind wir auch im Säntisprogramm erwähnt und erfahren Unterstützung vom Säntis-Eventmanagement.

In der Halle folgt die Sammlung zum Lobpreis und zu Fürbitten für die Säntiskantone, die Regierenden in Bern und Israel. Wir lassen uns jeweils leiten durch Worte aus der Bibel. 2009 wurde 1. Könige 18,41–46 gelesen: Siebenmal erflehte Elija auf dem Karmel den Regen. Alles muss reif werden, bis der Regen des Geistes ausgegossen wird.

Inzwischen kommen auch Christen aus der katholischen Kirche und den Ländern um den Bodensee zum Treffen, einem Schulterschluss unter dem Kreuz. Viele freuen sich auf die Bettags-Begegnung auf dem Berg – so wie sich das Volk Israel zu Festen in Jerusalem sammelte und wieder senden liess.

Die Iona Community – «neue Wege finden, um die Herzen aller zu berühren»

Christa-Maria Jungen

Ein langer Weg

Die Reise nach Iona ist lang. Erst mal in der schottischen Stadt Glasgow angelangt, darf man sich noch lange nicht am Ziel wähnen. Nun heisst es, zuerst für einige Stunden den Zug zu nehmen, dann eine Fähre, einen Bus und nochmals eine Fähre. Doch der Weg lohnt sich. Die kaum besiedelte Insel liegt wie eine Perle im Atlantik. Für viele ist sie weit mehr als ein Ferienziel: Seit Jahrhunderten, ja sogar Jahrtausenden, wird sie als ein Ort wahrgenommen, wo sich Himmel und Erde berühren.

Iona ist ein nicht unbedeutender Ort in der Geschichte des europäischen Christentums, denn unter anderem initiierte der irische Mönch Columba von hier aus die Missionierung Schottlands und weiterer Teile Europas. Fasziniert von der Schönheit der Insel und ihrer Geschichte, nehmen jedes Jahr Tausende von Pilgern den langen Weg nach Iona auf sich. Unter ihnen war kürzlich auch ich. Denn auf dieser Insel befindet sich eine äusserst faszinierende Gemeinschaft, die ich näher kennenlernen wollte: die Iona Community.

Ökumenische Gemeinschaft

Vielen ist der Name zwar vielleicht ein Begriff, doch die Geschichte und die Reichweite des Engagements dieser ökumenischen Gemeinschaft sind wenig bekannt. Das fängt schon damit an, dass man bei einem Besuch auf Iona die rund 270 Mitglieder der Gemeinschaft gar nicht antrifft. Sie, Frauen und Männer, Geistliche und Laien, verheiratete und ehelos Lebende, leben nämlich verstreut über ganz Schottland, das Vereinigte Königreich, ja sogar den Rest der Welt. Was sie zusammenhält, ist eine gemeinsame Regel. In ihr verpflichten sich die Mitglieder, täglich zu beten und die Bibel zu lesen, Rechenschaft abzulegen über die Nutzung von Zeit und Finanzen und sich für Frieden und Gerechtigkeit in der Welt einzusetzen. Die Regel gibt auch gemeinsame Treffen in regionalen Gruppen und jährlich eine Woche auf Iona vor. Die Mitgliedschaft in der Iona Community ist nicht lebenslänglich, sondern wird jedes Jahr erneuert. Viele Mitglieder verlassen die Gemeinschaft nach ihrem Beitritt jedoch nicht mehr.

Wer sich mit der Gemeinschaft auseinandersetzt, merkt schnell: Die Iona Community ist nicht einfach zu kategorisieren. Es handelt sich hier weder um einen traditionellen Orden noch um einen losen Zusammenschluss von Menschen mit ähnlichen Interessen, sondern eben um eine Gemeinschaft. Wer die Iona Community in ihrer heutigen Form und ihren Anliegen zu verstehen sucht, kommt nicht darum herum, sich mit den Anfängen ihrer Geschichte auseinanderzusetzen. Und dazu gehört auch die Geschichte ihres Gründers.

Wo sind die Industriearbeiter?

Es war im Jahr 1930. George MacLeod, ein erfolgreicher junger Stadt-Pfarrer in der Church of Scotland, kündigte seine angesehene Stellung, um im Industrieviertel Govan eine neue anzunehmen. Die Auswirkungen der Weltwirtschaftskrise waren hier besonders stark zu spüren: Armut, 80 Prozent Arbeitslosigkeit, Hoffnungslosigkeit. Und obwohl sich bei George MacLeod als beindruckendem Prediger die Kirchenbänke Sonntag für Sonntag füllten, musste er doch feststellen, dass die Industriearbeiter in seiner Gemeinde fehlten.

MacLeod realisierte, dass die Kirche nicht mehr Teil ihrer Welt war. Sie ärgerten sich über die Kirche und fühlten sich von ihr betrogen. Denn eine Kirche, die sich nicht für die Welt der Industrie interessierte, hatte auch kein Interesse an ihnen. Die Kirche war auf die Sonntage konzentriert, aber nicht auf die Werktage.

Ein neues Experiment ist gefragt!

Was die Kirche brauchte – davon war George MacLeod überzeugt –, war nicht mehr Theorie, sondern waren Projekte, in denen man die sozialen Fragen ganz praktisch angeht. Mehr und mehr nahm in ihm die Idee Gestalt an, eine Bruderschaft zu gründen, die aus arbeitslosen Handwerkern und angehenden Pfarrern bestand. Durch das gemeinsame Leben, Arbeiten und Beten würde man einen Glauben kennenlernen, der für den Alltag relevant wäre. Die jungen Pfarrer sollten ausgebildet werden, um später ihre Arbeit in den grossen neuen Sozialsiedlungen und Industriequartieren aufzunehmen.

Wiederaufbau der Abtei – Symbol für die Erneuerung der Kirche

Im Juli 1938 war es so weit. George MacLeod kündigte erneut seine Stelle und zog mit einer Handvoll Männern mit Ziel Iona los. Denn er wusste, dass für ein solches Projekt des Zusammenlebens nur eine abgelegene Insel in Frage kam, ein Ort, von dem bei Schwierigkeiten nicht gleich die Flucht ergriffen werden konnte. Überall sonst würde das Projekt zum vornherein zum Scheitern verurteilt sein. Was diesen Männern für jenen Sommer bevorstand, war der Wiederaufbau der Wohnräume der alten Benediktiner-abtei. Schon einige Zeit zuvor hatte die Kirche Geld zur Verfügung gestellt, um die Abtei selbst wieder aufzubau-en. Die Wohnräume jedoch lagen noch in Trümmern. Für George MacLeod war dies Ausdruck der Situation, in der sich die Church of Scotland befand: Während am Sonntag schöne Gottesdienste gefeiert wurden, schenkte die Kirche dem Leben der Menschen um sie herum kaum Beachtung. Den Aufbau der Wohnräume verstand er daher als symbo-lischen Akt.

Geist und Leib nicht trennen

George MacLeod war überzeugt, dass nach dem Evange-lium Geistliches und Materielles untrennbar zusammenge-hören. Daher war es dringend notwendig, dass die Kirche wieder ein Evangelium predigte und lebte, das auch an Po-litik, Wirtschaft und sozialen Problemen interessiert war. Dafür bot sich Iona an: Das hier von Columba und seinen Mönchen gelebte keltische Christentum kannte jene Un-terscheidung nicht und lebte eine Spiritualität, die sich mit allen Aspekten des Alltags befasste.

Für George MacLeod war andererseits klar: Die Mission der Kirche kann nur vom gemeinsamen Feiern des Got-tesdienstes ausfliessen. Auch dort war Erneuerung gefragt. Ein besonderes Anliegen war, dass das Abendmahl wieder ins Zentrum des gottesdienstlichen Lebens rückte und neu entdeckt wurde als ein Akt der Identifizierung mit Christus und als der Ort, wo die Gemeinde Christi sich konstituiert. Deshalb feierte die Gemeinschaft auf Iona das Abendmahl bald wöchentlich.

Schwieriger Anfang

Die erste Zeit der kleinen Gemeinschaft auf Iona wird als sehr schwierig beschrieben. Welten prallten aufeinander. Aber durch das gemeinsame Leben mit Arbeit und Gebet wurde nach und nach das Evangelium neu entdeckt. Bis zum Ende des Sommers war aus einer zusammengewürfelten Gruppe ganz unterschiedlicher Männer eine richtige Familie geworden. Zurück auf dem Festland, wurden die angehenden Pfarrer jeweils zu zweit losgeschickt, um für zwei Jahre zusammen als Praktikanten in einer Gemeinde zu arbeiten. Aus dem Wunsch heraus, den einfachen und disziplinierten Lebensstil von Iona fortzuführen, erarbeitete George MacLeod eine erste gemeinsame Regel. Sie bildet auch die Grundlage für die aktuelle Regel der Gemeinschaft.

Es war nie die Vision des Gründers, dass eine permanente Gemeinschaft entstehen sollte. Aber nachdem die jungen Pfarrer ihr Praktikum abgeschlossen hatten, insistierten sie darauf, weiterhin Teil der Gemeinschaft zu bleiben. Die Arbeit an den Wohnräumen der Abbey auf Iona wurde ebenfalls fortgesetzt. Jeden Sommer machten sich Gruppen von Männern auf nach Iona, um sich auf das Abenteuer des gemeinsamen Lebens einzulassen. So wurde diese Insel zu einem kirchlichen Ausbildungszentrum.

Die Gemeinschaft war und ist neben ihrem Engagement auf der Insel aber auch auf dem Festland sehr aktiv. Verschiedenste soziale Projekte wurden gestartet und Häuser gemeinschaftlichen Lebens gegründet.

Die Antwort der Kirche

Die Beziehung der Iona Community zur Church of Scotland war anfangs sehr schwierig. Zum einen, weil George MacLeod, ein wahrer Draufgänger, die Church of Scotland nie um Erlaubnis für sein Projekt gefragt hatte, und zum andern, weil in der presbyterianischen Kirche zu jener Zeit schlichtweg noch kein Raum war für eine solche religiöse Gemeinschaft. Obwohl sich die Iona Community klar im Dienst der Kirche sah, wurde sie von Letzterer als ein Projekt ausserhalb betrachtet. Doch mehr und mehr nahm die Kirche die Anliegen der Gemeinschaft auf, und 1951 wurde die Iona Community offiziell Teil der Church of Scotland. Während in diesen frühen Jahren gegenüber der Gemeinschaft vielerorts noch grosse Skepsis bestand, ist diese heute kaum mehr vorhanden. Die Kommunität leistet nach wie vor einen bedeutenden Beitrag zur Erneuerung der Kirche.

Übergänge

Diese Akzeptanz ist auch der Entwicklung der Gemeinschaft zu verdanken. Die Zeiten, als sie eine reine Männergemeinschaft war, sind längst vorbei. 1969 stiess die erste Frau dazu und 2002 wurde die erste Frau mit der Leitung der Gemeinschaft beauftragt. Bald konnten auch Laien und Mitglieder von anderen Konfessionen der Gemeinschaft beitreten. Verändert hat sich gewissermassen auch der Fokus der Gemeinschaft.

Heute leben etwas mehr als 20 Personen das ganze Jahr über auf Iona. Bei ihnen handelt es sich nicht um Mitglieder der Gemeinschaft, sondern um Menschen, die sich für eine gewisse Zeit dazu entscheiden, gemeinschaftlich zu leben und im Gäste- und Kursbetrieb mitzuarbeiten. Zusätzlich arbeiten jährlich auch ungefähr 130 jugendliche Volontäre je für ein paar Monate im Gästebetrieb mit.

Was die Kommunität aber wirklich ausmacht, ist nicht das, was auf Iona geschieht, sondern ist am Leben und Engagement ihrer Mitglieder abzulesen. Diese tragen die Vision der Gemeinschaft in die Welt hinaus und prägen damit manche lokale Kirchgemeinde. Die Anliegen, für die sich die Gemeinschaft besonders einsetzt, sind abhängig von dem, was in der Welt um sie herum geschieht. Aktuell beschäftigt sie zum Beispiel die Frage nach dem Umgang mit Umwelt und Ressourcen oder die hohe Arbeitslosigkeit im Vereinigten Königreich. Obwohl die Gemeinschaft über die Jahre grosse Veränderungen erlebt hat, so ist das Ziel doch das gleiche geblieben, nämlich neue Wege zu finden, um die Herzen aller zu berühren.

Einige Grundzüge der Iona-Spiritualität

Anknüpfen
Die irischen Mönche knüpften an den Symbolen und Praktiken der damaligen heidnischen Welt an und richteten sie an Christus aus. Statt dem Verehren der Sonne proklamierten sie das Anbeten von Christus, dem König des Himmels. Die Iona-Community ist theologisch inklusiv, schliesst also lieber ein und fast nichts aus. Sie zieht damit Menschen aus allen möglichen weltanschaulichen und ethischen Richtungen an. Christus bleibt aber in der Mitte.

Schöpfungsspiritualität
Gott spricht durch seine Schöpfung, ist aber nicht die Schöpfung. Deshalb kann jeder Aspekt der Schöpfung – auch ein Sonnenuntergang – zu einem Reden Gottes werden.

Spiritualität der Wanderschaft
Entscheidend sind nicht die Insel oder das Kloster auf Iona, sondern das Hinaustragen des Evangeliums in alle Welt. Dabei wird jeder neue Tag als Etappe der Pilgerschaft verstanden. Jesus selber ist der Weg, Ziel ist die ewige Heimat.

Dreieinheit
Gott – das sind «die heiligen Drei». Gott wird als Schöpfer, Erlöser und Begleiter verehrt und erlebt. Das zeigt sich etwa in der Liturgie der Iona-Community.

Gesellschaftliche Wirkung

Die irischen Mönche evangelisierten nach Möglichkeit zuerst die Fürstenhäuser und die lau gewordene christliche Elite, vergassen aber auch nicht die Leute an der Basis. Sie erzielten so eine optimale gesellschaftliche Wirkung. Die Iona-Community legt einen starken Akzent auf die Fragen nach der Gerechtigkeit und dem Frieden – zwei gesellschaftliche Brennpunkte unserer Zeit.

Hanspeter Schmutz

Literatur

Ferguson, Ronald. Chasing the Wild Goose: The Story of the Iona Community. Rev. ed. Glasgow 2006

George F. MacLeod, We shall Re-Build: The Work of the Iona Community. 4th ed. Glasgow 1947

www.iona.org.uk

Der Landeskirchliche Gebetsbund der Schweiz

Werner Schmid

Kirche + Gebet

Die ersten Christen liessen sich regelmässig von den Aposteln unterrichten und lebten in brüderlicher Gemeinschaft, feierten das *Abendmahl und beteten miteinander* (Apg 2,42).

Auch unsere heutige Kirche sollte sich auf diese vier Grundsäulen abstützen:

- Predigt, Bibelstunden
- christliche Gemeinschaft
- Abendmahl feiern
- miteinander beten.

Der Landeskirchliche Gebetsbund leistet seinen Beitrag an die Erneuerung der Kirche mit dem Gebet: Durch Beten möchten wir hinführen

- zu Gott, dem Vater von Jesus Christus,
- zum lebendigem Glauben an Jesus Christus,
- zum ganzen Wort der Heiligen Schrift und
- Gottes Geist Raum geben, dass er uns leitet.

Im Landeskirchlichen Gebetsbund schliessen sich Mitglieder der evangelisch-reformierten Landeskirche zusammen, die Jesus Christus als ihren persönlichen Erlöser anerkennen und an die Kraft und Verheissung des Gebets glauben.

Der Gebetsbund wurde 1943 von Pfr. Gottfried Bremi gegründet. Er verfasste in seiner damaligen Kirchgemeinde in Niederweningen ZH im August 1944 den ersten Rundbrief.

Bis zu seinem Tod 1983 blieb er ein überaus treues Mitglied. Der Gebetsbund durfte langsam wachsen. Im Jahre 1971 wurden etwa 130 Rundbriefe versandt.

Die Gebetsanliegen waren im Wesentlichen dieselben wie heute: Erweckung in unserer Kirche, klare Wortverkündigung, theologische Fakultäten, Entstehung von Gebetskreisen, christliche Werke, dazu die Anliegen einzelner Gemeinden, die von den Mitgliedern eingebracht wurden. Als sich immer mehr Mitglieder aktiv beteiligten, wurde der Rundbrief in seinen Anliegen vielfältiger und reichhaltiger.

Im September 1945 fand die erste Tagung im Evangelischen Sozialheim «Sonnenblick» in Walzenhausen statt. Bald folgten die Tagungen regelmässig im Frühjahr und Herbst, wobei oft eine der beiden Tagungen an einem Wochenende stattfand, die andere eintägig war.

Von etwa 40 Männern und Frauen ist unsere Gemeinschaft heute auf fast 500 Mitglieder gewachsen. Vierteljährlich erscheint unser Gebetsbrief mit Anliegen aus Kirche, Mission und Diakonie. Jeder Gebetsbrief beginnt mit einer Kurzandacht. Es folgt für jeden Wochentag eine thematische Seite: Lob Gottes (Sonntag), Gebetsanliegen Kirche (Montag), Gebetsanliegen Kirchgemeinden (Dienstag), Fürbitte für die Evangelisation und Mission (Mittwoch), Gebetsanliegen für Einzelne, Jugend, Ehe, Familie (Donnerstag), Fürbitte für unser Volk, Regierung und Medien (Freitag) und für christliche Werke (Samstag). Jeder Tag beginnt mit einem Wort aus der Bibel. Das Besondere am Gebetsbrief ist, dass jedes Mitglied Gebetsanliegen melden kann. Viele Beterinnen und Beter bringen sie dann vor Gott.

Im Frühling treffen wir uns jeweils zu einer Tagung. Dort kommen aktuelle Themen zur Sprache. Bedeutende Missionswerke waren in den letzten fünf Jahren zu Gast: MEOS zum Thema «Fremde unter uns», Helimission zum Thema «Die Friedensstifter» und CFA zum Thema «Das Evangelium in alle Häuser». Weitere Themen waren: «Besinnung unter der Bundeskuppel» von Pfarrer Beat Kunz, «Auftrag und Segen der Fürbitte» von Prof. Dr. Heini Schmid und «Israel – der edle Ölbaum, in den wir eingepfropft sind» von Pfarrerin Dr. Edeltraud Leidig.

Auch die Gemeinschaft untereinander pflegen wir. Jede Tagung schliesst mit einem gemeinsamem Gebet und einer Abendmahlsfeier.

Unsere Mitglieder des Gebetsbundes sind aktive Beterinnen und Beter in ihrer Kirchgemeinde. Eine Umfrage ergab, dass rund 70 Gebetszusammenkünfte in der Schweiz bestehen, die durch unsere Mitglieder geleitet werden.

Wir nehmen die Verheissung Jesu ernst: «Bittet, so wird euch gegeben. Suchet, so werdet ihr finden. Klopfet an, so wird euch aufgetan.» (Mt 7,7)

Stiftung zur Matte – ein Ort des Rückzugs und der Stille

Hansjörg und Ann Kägi

Im Zentrum der Stiftung zur Matte steht das Leben mit Gott in seiner Gegenwart. Lobpreis und Anbetung, Versöhnung, Gebet, Seelsorge, Beratung und Lehre sind die tragenden Elemente. Grundlage ist die ganze biblische Botschaft. Wir sind zehn Leute, welche das Leben der Stiftung tragen, davon zwei vollamtlich.

Die täglichen Anbetungszeiten sind das Herz. In ihnen kommen die Gemeinschaft über Gottes Wort zum Tragen und der Lobpreis. Dem schliesst sich die Fürbitte an für das Land, Kirche und Gesellschaft, die Jugend und Israel. Die Nachmittage sind Zeiten der Erfrischung in der herrlichen Natur rund um Zermatt, aber auch Möglichkeiten für Gespräche und Beratung. Hie und da führen wir Seminare durch, bei denen Lehre und Erfahrung unseres dreieinigen Gottes im Mittelpunkt stehen. Die ganze Zeit über steht unser Raum der Stille, die Stiftshütte, als Ort für eine persönliche Begegnung mit Jesus Christus zur Verfügung. Wir verstehen uns als ein Dienst an den Christen aller Konfessionen, überhaupt allen interessierten Menschen. Die meisten Mitglieder des Teams sind entweder reformiert oder katholisch.

Wir haben die rechtliche Form einer Stiftung gewählt und leben von der Unterstützung durch einen Freundeskreis und aus Glauben. Freundschaftlich verbunden sind wir mit der Stiftung Schleife, Winterthur, und anderen Werken. Am chesten trifft der Begriff Gebetshaus für uns zu, obwohl wir kein eigentliches Haus haben, sondern zwei grössere Räume mieten.

Unser Beitrag an die Erneuerung der Kirche

Seit dem Start unserer Arbeit 2003 ist die Beziehung zur Ortsgemeinde wichtig gewesen. Konkret sind das der Kontakt unseres Leiters zum katholischen Pfarrer von Zermatt, dann zur katholisch-charismatischen Gebetsgruppe und der spontane Besuch der örtlichen Gottesdienste. Über Zermatt hinaus sind wir ein Teil des wachsenden Netzes von Orten des Gebets im Land, die meist unabhängige Organisationen sind. Aber auch zu Klöstern wie der Abtei von St. Maurice im Wallis haben wir Verbindungen.

Wir versuchen initiativ zu sein im Bereich Versöhnung, das heisst wir knüpfen Kontakte an und bauen Freundschaften auf, wo immer das möglich ist. Der übergemeindliche Aspekt des Leibes Jesu im Land und über die Grenzen nach Europa hinaus beschäftigt uns grundsätzlich und schlägt sich in den Gebeten wie im praktischen Leben nieder. All das ist immer wieder durchzogen von Schwierigkeiten, von Missverständnissen, von Kämpfen, und wir realisieren, dass es viel Zeit benötigt. Wie alles Neue und Ungewohnte werden auch unsere Anliegen und unser Leben nicht immer verstanden oder wir werden mit einem gewissen Sektenverdacht beobachtet. Das gehört dazu, und erst in der persönlichen Begegnung im Alltag, wenn wir einander in die Augen sehen können, wird das negative Bild meist anders.

Unser sozial-diakonischer Bezug zum Dorf besteht darin, dass wir bewusst Kontakte suchen und pflegen. Hansjörg Kägi geht regelmässig mit dem Ortspfarrer auf einen Spaziergang unter Freunden, wo ein Austausch der Herzen geschieht. Ann Kägi begleitet Schüler mit Lernschwierigkeiten und deren Familien. Alle Mitarbeitenden der Stiftung zur Matte haben die

Vision und den Willen, Freude und Nöte der unmittelbaren Mitmenschen möglichst praktisch zu teilen. Wir haben eben bei der Produktion eines neuen Bergfilms entscheidend mitgeholfen, welcher niederschwellig christliche Botschaft weitergibt. Zur Premiere kamen viele Dorfbewohner und Entscheidungsträger aus dem öffentlichen Leben.

Wünsche an die Kirche(n)

Beim letzten Gebetshausleiter-Treffen realisierten wir, dass Gebetshäuser im Land von der Basis wie von der Leitung der Kirchen noch kaum wahrgenommen werden. Alle reden von der Wichtigkeit des Gebets und wissen, dass ohne es nicht viel geschieht, aber die wenigsten erkennen, dass Orte des Gebets auch unterstützt und wahrgenommen werden müssen.

Die meisten Menschen, welche für eine Auszeit hierher kommen, kehren erfrischt und im Glauben gestärkt nach Hause zurück. Heute sind Time-outs wichtiger denn je, aber noch finden wenige den Weg dazu. Wir verstehen uns als eine Quelle der Auferbauung für die Kirchen und ihre Glieder und sehen, dass vielen geholfen wäre, könnten sie einmal in die Ruhe vor Gott einkehren, an einem geistlichen Leben teilnehmen und ganzheitlich erneuert werden an Seele und Leib.

Als Christen aus Gemeinden und Bewegungen sind wir alle Teil der übergemeindlichen, verliebten Braut Jesu, die erfasst wird von seiner Zuwendung und Nähe. Indem wir in unseren Herzen, in der Tiefe unseres Seins, diese unergründliche Liebe erfahren, werden wir beziehungsfähiger und -williger untereinander.

A. Vereinbarung SEK – FREOE vom 16. Dezember 1998/ 25. April 2001

Gemeinsame Erklärung FREOE – SEK

1. Die AV nimmt zustimmend zur Kenntnis, dass der Rat des SEK seine Beziehungen zur FREOE auf der Basis der *Déclaration commune* vom Dezember 1998 pflegt.
2. Die AV empfiehlt, die *Déclaration commune* in den Mitgliedkirchen des SEK bekannt zu machen und die Gemeinden zu ermuntern, auf dieser Basis mit andern christlichen Gemeinden vor Ort die Verständigung zu suchen.
3. Die AV nimmt zustimmend zur Kenntnis, dass der Rat für seine Beziehungen zum VFG ebenfalls eine ähnliche *Gemeinsame Erklärung* anstrebt.

SCHWEIZERISCHER EVANGELISCHER KIRCHENBUND
                          Der Rat
Bern, 25.4.2001   Der Präsident   Der Geschäftsführer
                     Thomas Wipf   Markus Sahli

Gemeinsame Erklärung des Vorstandes des SCHWEIZERISCHEN EVANGELISCHEN KIRCHENBUNDES (SEK),
der die evangelisch-reformierten Kirchen und die evangelisch-methodistische Kirche in der Schweiz vereint

und des Rates der
FEDERATION ROMANDE D'EGLISES ET OEUVRES
EVANGELIQUE (FREOE),

welche die freikirchlichen Gemeinden und Werke der West-
schweiz zusammenschliesst.

Im Laufe der letzten Jahre (seit 1984) sind zwischen dem Vor-
stand des SEK und dem Rat der FREOE verschiedene nützliche
Kontakte hergestellt worden: Protestantenforum, jährliche
Treffen zwischen dem Vorstand und dem Rat, Christentag,
ESE 2001, usw.

Daraus entstand ein Solidaritätssinn, den die beiden Vereinigungen pflegen wollen, in der Absicht, ihre Gemeinschaft
zu vertiefen:

Was uns eint

Zusammen freuen wir uns, von Gott berufen zu sein:
    in dieser Welt als Gottes Geschöpfe zu leben
    ihn zu kennen und in Gemeinschaft mit ihm zu leben
    der weltweiten Kirche Jesu Christi anzugehören
    am Handeln Gottes in dieser Welt mitzuwirken.
Als Kirchen, Gemeinden und Werke:
    erkennen wir unsere eigenen Grenzen und unsere Unvoll-
    kommenheit im Bezug auf unsere Berufung
    suchen wir die Gemeinschaft mit anderen Christen und
    anderen christlichen Gemeinschaften
    wollen wir einander annehmen, wie Christus uns ange-
    nommen hat
    erkennen wir, dass wir gemeinsam dazu verpflichtet
    sind:
    Gott und alle seine Geschöpfe zu lieben
    das Evangelium zu bezeugen
    die Menschen zum Glauben einzuladen
    den Willen Gottes zu suchen, zu verkünden und zu leben

im persönlichen Alltag, in der Gemeinde sowie in der Gesellschaft.

In unserem Verständnis des Glaubens, der uns durch die Propheten und Apostel verkündet wurde, und des kirchlichen Lebens sind wir dankbar zu wissen, dass wir insbesondere Erben der Überzeugungen und Erfahrungen der Reformation (oberste Autorität der Heiligen Schrift, Herrschaft Jesu Christi als Erlöser, Heil durch Gnade, allgemeines Priestertum) und des Protestantismus in der ganzen Vielfalt seiner Ausdrucksformen sind.

Wie sollen wir unsere Beziehungen leben

1. Wir achten uns gegenseitig als christliche Gemeinschaften verschiedener Prägung und tun unser Möglichstes, unseren Dienst nicht gegeneinander, sondern miteinander in einer Haltung der Partnerschaft und Brüderlichkeit zu erfüllen.

2. An den Orten, wo eine Nachbarschaft von Gemeinden besteht, bitten wir unsere jeweiligen Gemeinden und deren Mitglieder:
   persönliche und freundschaftliche Beziehungen aufzubauen,
   sich gegenseitig zu informieren,
   in den Gottesdiensten füreinander zu beten,
   zu lernen, sich gegenseitig zu ergänzen und zu ermutigen,
   Möglichkeiten der Zusammenarbeit zu suchen
   sich gegenseitig zu helfen und zu unterstützen.

3. Wir setzen uns ein:
   unsere jeweiligen Vorurteile auszuräumen
   der lieblosen Kritik nicht freien Lauf zu lassen, sondern besser
   offen miteinander über Dinge zu sprechen, die uns beim Anderen stören,
   die Haltung und die ehrlichen Überzeugungen des Anderen zu respektieren, selbst dann, wenn wir unterschiedlicher Ansicht sind.

4. Als Landeskirchen und als freikirchliche Gemeinden, die durch die Reformation und die Erweckungsbewegung entstanden sind, setzen wir uns dafür ein, dass Männer und Frauen zu einem persönlichen Glauben kommen und am Leben der Kirche teilnehmen. Wir freuen uns über die Verwurzelung der Gläubigen in der einen oder anderen Gemeinde und verzichten darauf, aktive Gemeindeglieder der anderen Gemeinde zum eigenen Vorteil abzuwerben.

5. Wir wissen, dass heute ein lebendiger Glaube nicht mehr selbstverständlich ist. In unserer säkularisierten und multireligiösen Gesellschaft sind engagierte Christen, welcher Denomination sie auch angehören, eine Minderheit. Wir fühlen uns deshalb dazu aufgerufen, das Evangelium jenen zu bringen, die dem christlichen Glauben fernstehen und keiner Kirche angehören. Dabei kann es vorkommen, dass Menschen, die formell einer bestimmten Kirche angehören, sich dazu entschliessen, ihren Glauben in einer anderen zu leben. Wir achten diese Entscheidung und bitten die Pfarrer, einen solchen Wechsel in Offenheit und mit der gebotenen pastoralen Sorgfalt zu begleiten.

6. Wir sind uns bewusst, dass insbesondere weltliche Medien freikirchliche Gemeinschaften und sektiererische Gruppierungen leicht miteinander vermischen.

Der SEK verpflichtet sich, den Unterschied zwischen Sekten und freikirchlichen Gemeinden hervorzuheben und in der Öffentlichkeit ein differenziertes Bild der protestantischen Vielfalt zu geben.

Die FREOE bemüht sich um ein christliches Bekenntnis, das gegenüber den Landeskirchen offen und solidarisch ist.

Der SEK und die FREOE engagieren sich, in ihrem Umfeld üble Nachrede in jeder Form zu bekämpfen. Sie missbilligen boshafte Kritik gegenüber reformierten Pfarreien, der evangelisch-methodistischen Kirche und den freikirchlichen Gemeinden und Werken.

7. In den Mitgliedkirchen und -werken beider Organisationen gibt es wertvolle Einrichtungen (Mediendienste, Bildungsstätten, Veröffentlichungen, missionarische Dienste, Hilfswerke, soziale Institutionen und Dienste, verschiedene musikalische Traditionen, usw.). Wir hoffen, dass in Zukunft die Mitglieder beider Seiten vermehrt von diesen Einrichtungen Gebrauch machen, damit die geistlichen, materiellen und persönlichen Gaben jedes Einzelnen dem ganzen Leib Christi dienen.

8. Der Vorstand des SEK und der Rat der FREOE wünschen ihre geschwisterlichen Bande zu stärken, indem sie sich mindestens einmal pro Jahr begegnen. Dabei wollen sie sich gegenseitig informieren, sich gegenseitig besser kennen lernen und die Fragen und Konflikte, die auftauchen, erörtern.

Der Geist, in dem wir uns begegnen

Wir rufen unsere Mitglieder auf, sich in dem Geist zu treffen, der die Berner Synode von 1532 erfüllte und sich wie folgt ausdrückt:

«Doch ist sehr darauf zu achten, dass wir nicht bissig und jähzornig sind, auch nicht stur, nicht Leute, die ihre eigene vorgefasste Meinung verfechten und behaupten wollen. Denn wer bei einem andern etwas von Christus und seiner Gabe findet, der soll, und sei es noch so wenig, Gott dafür danken „Doch ist sehr darauf zu achten, dass wir nicht bissig und jähzornig sind, und behutsam vorgehen, um dieser Gabe ans Licht zu helfen und nicht die Geister auszulöschen. Durch solche Behutsamkeit kommt ein gelassenes Herz zu

reicher Erfahrung göttlichen Wirkens». (Kapitel XXXVIII, Synodenakte)

Der Vorstand des SEK:
Johann Ammann
Claudia Bloem
Bruno Bürki
Sylvia Michel
Raymond de Rham
Heinrich Rusterholz
Monika Waller

Der Rat der FREOE:
Jean-Claude Chabloz
Jean-Jacques Meylan
Edmond Moret
Jean-Charles Moret
Roland Ostertag

Bern/Morges, 16. Dezember 1998

B. Resolution zum missionarischen Auftrag der Kirchen

An der Tagung des Landeskirchen-Forums (LKF) am 3. November 2007 in Zürich verabschiedeten die Teilnehmenden die folgende Resolution, die vom Vorstand des LKF erarbeitet worden war.

1. Die Kirchen haben den Auftrag, die Welt als Gottes Schöpfung zu lieben und zu gestalten, den Schöpfer in allen Lebensbereichen zu ehren und das Evangelium von Jesus Christus allen Menschen weiterzugeben. Sie haben sich diesen Auftrag nicht selbst gegeben, sondern nehmen ihn wahr in der Nachfolge Jesu und seiner Sendung.

2. Mission bedeutet Nachfolge und Sendung. Wer ergriffen ist von der Liebe des dreieinigen Gottes, wird dankbar auch andere zu einem Leben mit Jesus Christus und seiner Gemeinde einladen und dabei respektieren, dass sich jeder Mensch frei entscheiden kann. Der Heilige Geist wird selbst die Herzen berühren und sein Werk an ihnen tun.

3. Missionarisch tätig sein heisst, die Spannung zwischen Offenheit und Sendung wahrnehmen. Die göttliche Sendung ist das Lebensprinzip der Kirche. Sie wird dabei offen sein für die Bedürfnisse der Mitmenschen und wo immer sie tätig ist, den Glauben bezeugen, die Liebe leben und Hoffnung vermitteln.

4. Mission ist nicht auf die Verkündigung und das Wort beschränkt, sondern schliesst auch die Tat ein. Diakonie geschieht dabei aus der Kraft des Heiligen Geistes und verbindet sich mit dem Hinweis auf die gute Nachricht von Jesus Christus.

5. Mission wächst aus einem Lebensstil, der vom Evangelium geprägt ist. Die institutionellen Kirchen sind auf das Zeugnis von Kommunitäten und Bewegungen angewiesen, die den christlichen Glauben exemplarisch praktizieren und der Mission eine Gestalt verleihen.

6. Die reformierten Schweizer Landeskirchen leiden an der Basis unter einer Ausdünnung von Glaubensinhalten und verlieren gleichzeitig an gesellschaftlicher Relevanz. Eine neue Gewichtung des missionarischen Auftrages ist nötig, um diese Kirchen im multikulturellen Umfeld zu profilieren.

7. Es gibt die dunkeln Seiten der Missionsgeschichte. Wir dürfen sie nicht ausblenden. Statt deshalb Mission völlig abzulehnen, gilt es indessen, den Sendungsauftrag differenziert wahrzunehmen. Eine offene Auseinandersetzung zwischen den kirchlichen Positionen ist dabei jenseits von falschen Alternativen notwendig.

8. Mission ist weltweit ein zentrales Thema der Kirchen. Sie geschieht aber nicht mehr in hierarchischen Strukturen von oben nach unten, sondern in der partnerschaftlichen Begegnung von Mensch zu Mensch, aus Glauben zu Glauben. Solche Mission geschieht nicht nur in fernen Ländern, sondern beginnt immer auch vor der eigenen Haustür.

9. Andere Religionen zeigen durch ihre Ansprüche und ihr starkes Auftreten die gegenwärtige Schwäche des westlichen Christentums auf. Die Christen sind darum herausgefordert, die Gesellschaft mit der Dynamik von Glauben, Liebe und Hoffnung zu durchdringen. Wo christlicher Glaube die Freude am Evangelium ausstrahlt, wird er Interesse wecken und Anziehungskraft entwickeln.

10. Aufgrund der oben genannten Überlegungen sind die kirchlichen Synoden aufgefordert, in jeder Landeskirche ein Amt für missionarische Gemeindeentwicklung zu schaffen, das die Weitergabe des Evangeliums und die Einladung zur Nachfolge Jesu Christi fördert. Den missionarischen Projekten ist in der kirchlichen Arbeit eine Priorität einzuräumen.

Landeskirchen-Forum, Zürich, 3. Nov. 2007

C. Forum evangelischer Ordensgemeinschaften der Schweiz

Selbstverständnis

0. Zur Geschichte

Im Jahr 2001 nahm eine Projektgruppe von Vertretern des SEK und leitenden Schwestern und Brüder der Diakonissenhäuser und Kommunitäten der Schweiz ihre Arbeit auf. Es ging um das monastische Leben innerhalb der Kirchen der Reformation. Dies ist wenig bekannt und sollte stärker ins Bewusstsein gebracht werden – wegen aller Beteiligten.

Eine Orientierungsschrift wurde erarbeitet und erschien im Jahr 2003. Im folgenden Jahr fand ein erstes Treffen der Leitenden dieser Gemeinschaften statt. Dabei fiel die Entscheidung, diese Treffen zu einer festen Einrichtung zu machen. Das «Forum evangelischer Ordensgemeinschaften der Schweiz» war entstanden.

1. Ziele und Zusammensetzung

1.1. Das Forum evangelischer Ordensgemeinschaften gibt den evangelischen Schwesternschaften und Kommunitäten der Schweiz die Möglichkeit zu Kontakten und zur Reflexion über den gemeinsamen kommunitären Weg.

1.2. Dem Forum gehören evangelische Schwesternschaften und Kommunitäten der Schweiz an, die seit mindestens sieben Jahren und aus mindestens drei Brüdern bzw. Schwestern bestehen, nach den drei evangelischen Räten und einer kommunitären Ordnung leben.

2. Aufgaben

2.1. Das Forum setzt sich zur Aufgabe, den verschiedenen evangelischen Ordensgemeinschaften der Schweiz eine Plattform zu gegenseitiger Begegnung und Information, Austausch und Stärkung zu geben.

2.2. Das Forum ermutigt zu Kontakten mit den Kirchenleitungen und nimmt seinerseits zur Klärung anstehender Fragen Kontakt zu den Kirchenleitungen auf.

2.3. Das Forum ist bereit, neu entstehende Gemeinschaften zu ermutigen, zu unterstützen und zu begleiten.

2.4. Nach Bedarf setzt das Forum einzelne Arbeitsgruppen ein.

3. Strukturen

3.1. Die leitenden Schwestern und Brüder treffen sich jährlich zur Standortbestimmung und Koordination.

3.2. Verantwortlich für die Einladung und Durchführung der Treffen ist für die Startphase Sr. Doris Kellerhals (Riehen). Sie wird darin von Br. Thomas Dürr (Christusträger Communität) unterstützt.

4. Kontakt

Sr. Doris Kellerhals, Pfrn. Dr. theol.
Kommunität Diakonissenhaus Riehen
Schützengasse 51
Postfach 599
4125 Riehen 1
Tel: 061 / 645 45 45; Fax: 061 / 645 45 00
Mail: oberin@diakonissen-riehen.ch

5. Literatur

Br. Thomas Dürr, Sr. Doris Kellerhals, Pierre Vonaesch (Hg.), Evangelische Ordensgemeinschaften der Schweiz, Zürich 2003

Bern, 14. Juni 2006

Aeppli Alfred, Pfr. Dr., Präsident LKF, Aesplifeld 22,
3303 Jegenstorf, 031 761 01 39, alfred.aeppli@be.ref.ch,
www.landeskirchenforum.ch

Aschmann Sabine, Pfrn, Speckweg 7, 8240 Thayngen SH, 052 640 09 22,
sabine.aschmann@ref-sh.ch, www.ref-thayngen.ch

Bernhard Marianne, Sr., Evangelische Schwesternschaft Saronsbund,
Remigihofstr. 19, 8730 Uznach, 055 280 30 05, saronsbund@
bluewin.ch, www.evang.uznach.ch, link Saronsbund

Corrodi-Senn Hans, Sekretär Landeskirchen-Forum, Pappelnstr. 20,
8620 Wetzikon, 043 495 26 82, info@lkf.ch,
www.landeskirchenforum.ch

Dettwiler Peter, Pfr., Beauftragter für Ökumene, Mission und Entwicklung (OEME), Hirschengraben 50, 8001 Zürich, 044 258 92 38,
peter.dettwiler@zh.ref.ch, www.zh.ref.ch

Graf Marianne, Sr., Schwestern-Kommunität Haus der Stille und
Einkehr, 8489 Wildberg ZH, 052 385 15 93, wildberg@
diakonissen-riehen.ch, www.schwestern-wildberg.ch

Herren Esther, Sr., Münsterplatz 13, 4051 Basel, 061 645 41 08,
sr.esther.herren@diakonissen-riehen.ch,
www.diakonissen-riehen.ch

Heyd Christa, Pfrn, Säntisgebet, LKF Koordination Gebet,
Freudenberg 1, 9410 Heiden AR, 071 890 07 55, christa.
heyd@gmx.ch, www.landeskirchenforum.ch

Jungen Bernhard, Pfr., Altikofenstr. 156, 3048 Worblaufen, 031 921 87 42,
jungen@refittigen.ch, www.refittigen.ch

Jungen Christa-Maria, Pfarrvikarin Jegenstorf, Mattstettenstr. 9,
3303 Münchringen BE, christamaria.jungen@gmail.com

Kägi Hansjörg, Pfr. Dr. theol., Stiftung zur Matte, Bahnhofstr. 36,
3920 Zermatt, 027 967 03 10, stiftung@zurmatte.ch,
www.zurmatte.ch

Kellerhals Doris, Sr., Pfrn Dr. theol., Oberin Kommunität Diakonissenhaus Riehen, Schützengasse 51, Postfach 599, 4125 Riehen 1,
061 645 45 45, oberin@diakonissen-riehen.ch,
www.diakonissen-riehen.ch

Reusser Kathrin, Dr. iur., Reformierte Fokolarinnen, Feldblumenstr. 146,
8134 Adliswil, 044 711 80 60, kathrin.reusser@fokolar.ch,
www.fokolar-bewegung.ch

Schildknecht Markus, Dr., Leiter Gebet für die Schweiz, Postfach 87,
7304 Maienfeld, 081 330 76 50, markus.schildknecht@gebet.ch,
www.gebet.ch

Schmid Peter, lic. theol., Redaktor und Pressesprecher LKF, Rigistr. 7,
8344 Bäretswil, 044 939 31 77, peterswil@sunrise.ch,
www.landeskirchenforum.ch

Schmid Werner, Sekretariat Landeskirchlicher Gebetsbund, Fichtenweg 6,
3506 Grosshöchstetten, 031 711 28 12, gebet@lkgb.ch

Schmutz Elisabeth, Sœur, Ministère à la Montagne de prière de la
Communauté des diaconesses de Saint-Loup, 1318 Pompaples VD,
021 866 52 06, diaconesses.mont.priere@saint-loup.ch,
www.saint-loup.ch

Schranz Lydia, Sr., Oberin der Schwesterngemeinschaft und Leiterin
Bereich Gemeinschaften, Stiftung Diakonissenhaus Bern,
Schänzlistr. 43, 3013 Bern, 031 377 77 77,
lydia.schranz@dhbern.ch, www.dhbern.ch

Schubert Heiner, Pfr., Communauté Don Camillo Montmirail,
2075 Thielle NE, 032 756 90 35,
heiner.schubert@doncamillo.ch, www.doncamillo.ch

Stoessel Rachel, Alphalive Schweiz. Koordinationsbüro, Josefstr. 206,
8005 Zürich rstoessel@alphalive.ch, www.alphalive.ch

Sutter Ruth, Sr., Communität El Roi, Evangelisches Stadtkloster Basel,
Klingentalgraben 35, 4057 Basel, 061 681 27 36,
elroi@bluewin.ch, www.el-roi.ch

Vischer Christoph, Pfr. reformierte Kirchgemeinde Vechigen und
Co-Präsident EGW, Pfarrhaus Vechigen, 3067 Boll BE,
031 839 04 73, vischer@kgvechigen.ch, www.egw.ch

Walker Benedikt, Dr., Leiter Vereinigte Bibelgruppen VBG, Zeltweg 18,
8032 Zürich 044 262 52 47, benedikt.walker@evbg.ch.
www.evbg.ch